La Edad Media y la era de los descubrimientos

descubrimientos

1500 datos interesantes sobre el periodo medieval y la exploración europea

Índice de contenidos

Primera Parte: La Edad Media

1000 datos interesantes sobre la Edad Media

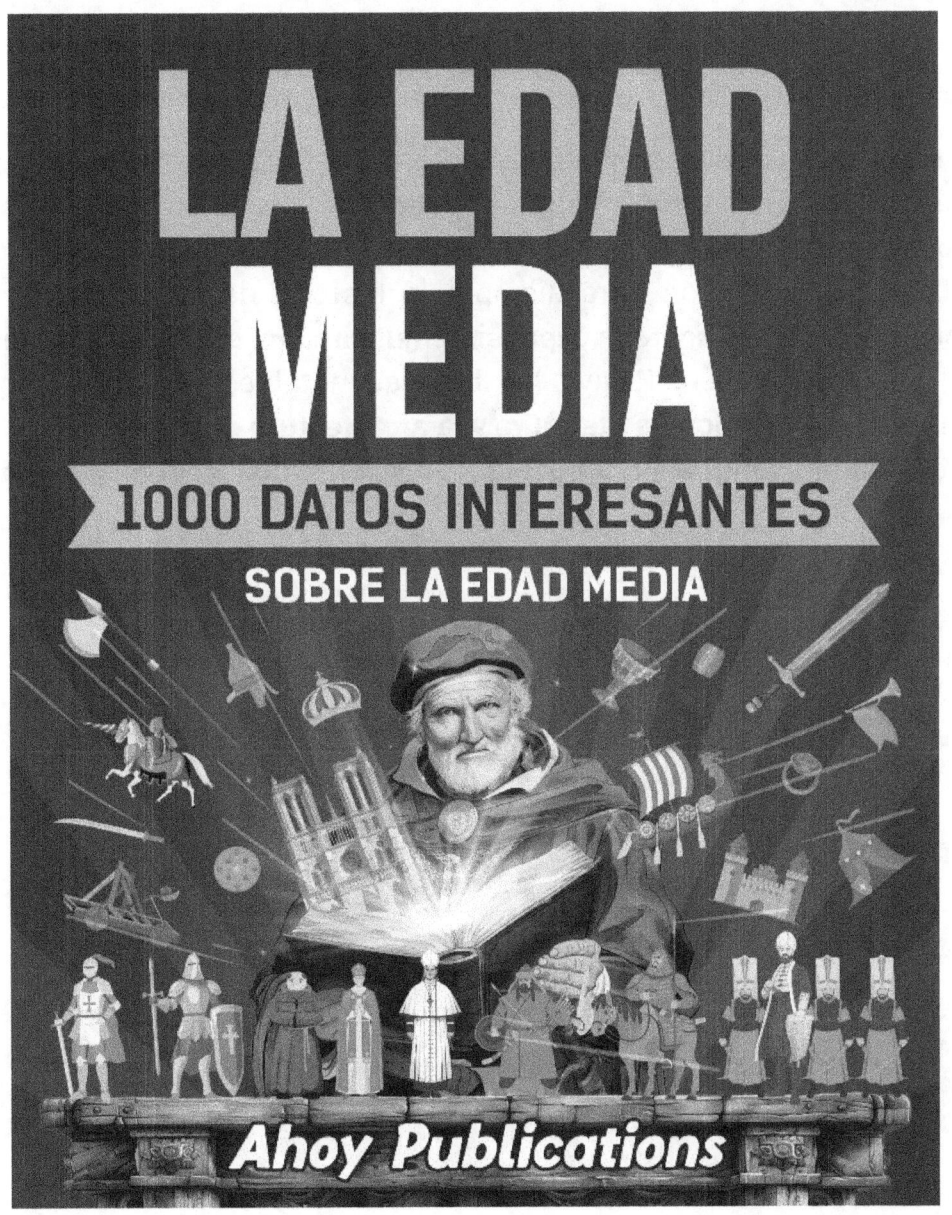

Introducción

Sumérjase en el fascinante y complejo mundo de la Edad Media, un periodo que dio forma a nuestra sociedad actual. Desde **el auge del cristianismo hasta el reinado de Carlomagno, pasando por la expansión vikinga y las Cruzadas,** descubra cómo estos momentos cruciales alteraron para siempre la historia de la humanidad. Descubra varios **hechos interesantes sobre la expansión musulmana, el papado, las monarquías y el aumento de la educación.** Reviva las batallas notables de **la Reconquista y las invasiones mongolas y explore la literatura y la arquitectura gótica.**

Embárquese en una aventura para **descubrir historias fascinantes y explorar la Edad Media.**

Auge del cristianismo
(siglo IV al VII)

El cristianismo pasó de ser un culto perseguido a convertirse en una de las principales religiones del mundo. Este capítulo explora los hechos de esta notable transformación, incluida su expansión por Europa y Asia menor, el papel del emperador Constantino en la unificación de las creencias cristianas y la aparición del monacato.

1. El cristianismo comenzó como un pequeño movimiento surgido del judaísmo en el siglo I d. C.

2. Inicialmente, las autoridades romanas persiguieron esta religión, pero creció rápidamente y fue reconocida oficialmente en Roma en el año 313 con el Edicto de Milán.

3. A finales de la Antigüedad, el cristianismo era la religión más popular en Europa occidental, Asia menor y el norte de África, antes del ascenso del islam en el siglo VII.

4. Libros como la *Biblia*, *Sobre la Encarnación*, de Atanasio y *La Ciudad de Dios*, de San Agustín, ayudaron a difundir la fe cristiana durante este periodo. Estas obras proporcionaban orientación moral y respuestas filosóficas que atraían a muchas personas en tiempos turbulentos.

5. En el 325, el emperador Constantino convocó el primer concilio ecuménico, llamado Concilio de Nicea, para unificar las creencias cristianas. Esta reunión marcó un hito importante en el crecimiento y la influencia del cristianismo.

6. El Credo de Nicea (325) afirmó la creencia de los cristianos en un solo Dios presente en tres entidades: el Padre, el Hijo y el Espíritu Santo, estableciendo la trinidad como un principio central del cristianismo ortodoxo.

7. En el 380, el emperador Teodosio declaró que el cristianismo niceno era la fe oficial de Roma, suprimiendo otras religiones, incluido el paganismo y sectas cristianas heréticas como el arrianismo (la creencia de que Jesús no era de la misma sustancia que Dios).

8. **El Primer Concilio de Constantinopla,** celebrado un año después, también afirmó **el Credo Niceno; esto reforzó la creencia trinitaria,** aunque el concilio solo acogió a obispos orientales, para decepción de **la Iglesia de Roma.**

9. En el 391, **Teodosio prohibió todas las formas de culto pagano y ordenó que se practicara el cristianismo** en todo el Imperio romano.

10. **El Código Justiniano** (529-565), redactado **por el emperador Justiniano,** enumeraba las leyes **que regían el Imperio romano,** incluidas las relativas a las prácticas religiosas.

11. **Con el apoyo y la protección de Roma, el cristianismo se extendió rápidamente por Europa y más allá en el siglo IV.**

12. En el 410, **Roma fue saqueada por los visigodos, lo que debilitó su poder político sobre varios territorios,** lo que abrió oportunidades para la labor misionera de los cristianos que trataban de llevar su fe a nuevas tierras.

13. **El monacato fue una parte importante del cristianismo primitivo.** A **San Antonio** se le atribuye la fundación del primer monasterio en Egipto entre los años 300 y 310.

14. **La Orden Benedictina surgió alrededor del año 530 y tenía reglas como trabajar,** vivir en comunidad, rezar y brindar hospitalidad a quienes la necesitaran.

15. **San Jerónimo tradujo la *Biblia* al latín entre el 383 y el 404.** Esta traducción se convirtió en el texto autorizado utilizado por la Iglesia romana.

16. **San Agustín fue uno de los misioneros cristianos de mayor éxito,** ayudando a difundir el cristianismo por el norte de África.

17. **Los escritos de San Agustín fueron aún más influyentes durante la Baja Edad Media,** dando lugar a la creación de la Orden de San Agustín, con sede en la región italiana de Toscana y creada en el siglo XIII.

18. En el 451 **se celebró el Concilio de Calcedonia para confirmar las creencias y prácticas cristianas,** en particular lo relativo a la doble naturaleza de Jesucristo como divino y humano.

19. **El siglo V vio surgir nuevas herejías, como el monofisismo y el nestorianismo,** que amenazaban la unidad entre los creyentes.

20. En el año 600, **el cristianismo se había convertido en una fe importante con millones de fieles en Europa,** Asia menor y el norte de África. Era especialmente popular entre la antigua aristocracia romana y sus descendientes.

21. Al **papa Gregorio I (590-604) se le atribuye el lanzamiento de la misión gregoriana.** Envió monjes a Irlanda, Escocia e Inglaterra, donde convirtieron al cristianismo a paganos de las creencias celtas (druidismo).

22. En el 664, **el Sínodo de Whitby se ocupó de las diferentes prácticas eclesiásticas en Inglaterra y reafirmó el estatus del cristianismo.** Esto marcó un punto de inflexión significativo para el cristianismo inglés, ya que los misioneros ingleses comenzaron a viajar por todo el mundo para difundir su religión.

23. **San Bonifacio, el misionero inglés más conocido, viajó por Alemania** difundiendo los evangelios durante el siglo VIII.

24. **El monacato floreció en Irlanda con muchos santos durante el periodo medieval, entre ellos San Patricio, que predicaban el cristianismo a la población local.** Ya en el siglo V se establecieron monasterios en Irlanda.

25. **Los misioneros irlandeses llevaron el cristianismo a Escocia y Northumbria en el siglo VI.** Su impacto fue tan grande, que muchas tribus paganas se convirtieron rápidamente.

26. En el siglo VIII, **el cristianismo era la fe dominante en la Inglaterra anglosajona.**

27. Las diferencias en la religión **cristiana** desencadenaron tensiones entre Oriente y Occidente. La fe cristiana se dividió en dos religiones principales con **el Gran Cisma,** en 1054.

28. En el año 610 **se fundó el islam y comenzó su expansión por Oriente y el norte de África.** La expansión de esta religión supuso un desafío para las autoridades cristianas, ya que hasta entonces habían disfrutado del monopolio de la fe en estas regiones.

29. **La conquista islámica de Jerusalén en el 638 marcó un importante punto de inflexión para ambas confesiones.** La Iglesia católica mantuvo el control sobre partes de la ciudad e importantes lugares sagrados como la iglesia **del Santo Sepulcro,** pero cada vez era más difícil proteger las rutas de peregrinación de los ataques musulmanes.

30. **La expansión del islam provocó tensiones políticas entre musulmanes y cristianos.** La conquista islámica llegó finalmente a Iberia.

Caída del Imperio romano de occidente (476)

La caída del Imperio romano de occidente marcó un momento crucial en la historia europea. Tras siglos de dominio cultural y político, **Roma fue derrocada por las tribus germánicas.** Conozca el impacto de la caída de Roma con estos interesantes datos.

31. **El Imperio romano de occidente terminó oficialmente en el 476 cuando el último emperador occidental, Rómulo Augusto, fue depuesto por Odoacro.**

32. **Roma estuvo bajo ataques continuos desde el siglo IV** y se enfrentó a una serie de **invasiones bárbaras** de **tribus germánicas,** como **los visigodos, ostrogodos y vándalos.**

33. **Aunque mucha gente culpa a los bárbaros del colapso del Imperio romano,** hay que reconocer que Roma llevaba siglos en declive. Las invasiones bárbaras solo aceleraron el proceso de su desaparición.

34. **Algunos creen que el declive del Imperio romano comenzó después de que el emperador Constantino trasladara su corte hacia el este, a Bizancio.** Estableció Constantinopla como la nueva capital del imperio en el 330.

35. En el 395, **el emperador romano Teodosio I dividió el imperio por la mitad y lo encargó a sus hijos: Honorio gobernaba el Imperio romano de occidente y Arcadio el Imperio romano de oriente.**

36. **Una de las principales causas por las que los romanos perdieron el control sobre Italia fue que permitieron que varios bárbaros se establecieran en el país.** Con el tiempo, estas tribus llegaron a ser lo suficientemente poderosas como para derrocar a Roma.

37. A finales del siglo IV, **se produjeron múltiples rebeliones en provincias romanas remotas,** lo que provocó la pérdida de control en lugares como Britania en el 410.

38. En el 410, **Alarico y sus visigodos saquearon Roma durante tres días,** causando una destrucción significativa, incluyendo la quema de iglesias y el saqueo de hogares.

39. En el 455, **los vándalos saquearon Roma brutalmente, debilitando su posición y provocando su caída final.**

40. **Las campañas militares contra tribus germánicas** como **los visigodos** fueron infructuosas, por lo que la autoridad de Roma se vio cada vez más desafiada por estos grupos.

41. **Roma se debilitó aún más tras una desastrosa derrota en la batalla de Adrianópolis,** donde el emperador Valente murió con dos tercios del ejército romano.

42. **También se produjeron conflictos internos entre las diferentes facciones del Senado romano que exacerbaron la inestabilidad,** debilitando aún más la base de poder de Roma.

43. **El cristianismo se comenzó a arraigar en toda Europa durante esta época.** Como resultado, muchos eran más leales a la Iglesia que a Roma, lo que llevó a la fragmentación de las lealtades.

44. **Algunos estudiosos creen que la naturaleza pacífica del cristianismo hizo que los romanos se mostraran reacios a luchar en las guerras,** lo que provocó una disminución de los soldados disponibles.

45. **La moneda romana se devaluó cada vez más debido a las constantes guerras,** debilitando la estabilidad económica y reduciendo los ingresos fiscales.

46. **Tras la caída del Imperio romano de occidente, no hubo un único gobernante en Europa. En su lugar,** había reinos separados formados por tribus germánicas o señores de la guerra.

47. **La caída del Imperio romano de occidente marcó el comienzo de la Edad Media,** que duró hasta el Renacimiento, alrededor del siglo XIV, cuando la sociedad europea comenzó a abrazar de nuevo el conocimiento clásico de la antigua Grecia y Roma.

48. **Mientras que el Imperio romano de occidente terminó oficialmente en el 476,** el Imperio romano de oriente o bizantino continuó hasta 1453, cuando Constantinopla cayó en manos de los turcos otomanos.

49. **La caída del Imperio romano de occidente también marca el comienzo del auge del sistema feudal, en el que las personas estaban vinculadas a su señor a través de la tierra.** Los trabajadores tenían algunos derechos, pero también tenían muchas obligaciones, entre ellas prestar servicio militar.

50. **Debido a la inestabilidad en Europa, comenzó un periodo de estancamiento** y el continente quedó rezagado en innovaciones tecnológicas frente a Medio Oriente y China.

51. **La lengua latina sufrió importantes cambios y evolucionó hasta convertirse en las lenguas romances que se hablan hoy en día en varios países europeos,** especialmente en los de la región mediterránea.

52. **El derecho romano continuó existiendo incluso después de la caída del Imperio romano de occidente.** El Código de Justiniano fue uno de los documentos legales más influyentes de este período y aún se utiliza en la actualidad.

53. **El arte y la arquitectura romana experimentaron cambios significativos durante la caída del imperio,** sobre todo con la introducción de iglesias de estilo cristiano, que sustituyeron a los templos paganos.

54. **Los patrones migratorios cambiaron drásticamente.** Mucha gente se trasladó de las ciudades a las zonas rurales, buscando seguridad contra las invasiones y tierras para cultivar.

55. **Con la caída de Roma, las rutas comerciales se interrumpieron**, lo que llevó a la economía europea a una recesión que duró siglos en recuperarse con el establecimiento de nuevas redes comerciales.

56. **Aunque las tribus germánicas causaron mucha destrucción,** también contribuyeron significativamente a la cultura europea al introducir costumbres diferentes, como el idioma, los estilos de vestir y la música.

57. **En este periodo surgieron estados-nación como Francia, España y Gran Bretaña,** que se desarrollaron a partir de las estructuras tribales anteriores.

58. **Algunos caudillos bárbaros abrazaron el cristianismo para legitimarse como sucesores del emperador romano,** mientras que otros siguieron practicando sus propias religiones.

59. **La caída del Imperio romano de occidente sigue siendo uno de los temas más atractivos de estudiar,** ya que es muy complejo y a menudo se utiliza como referencia cuando otros imperios fracasan.

60. **La caída del Imperio romano de occidente produjo efectos políticos y socioculturales sistemáticos** que nunca antes se habían sentido en toda Europa.

El Imperio bizantino
(siglo IV al XV)

Explore la apasionante historia del Imperio bizantino, que duró más de mil años y en su apogeo controló gran parte de **los Balcanes, Anatolia, Levante y Egipto.**

61. **El Imperio bizantino, también conocido como Imperio romano de oriente,** se estableció en el siglo IV de nuestra era y duró unos mil años, hasta que dejó de existir en 1453.

62. **El nombre «bizantino» proviene de Bizancio,** que era el nombre original del asentamiento sobre el que **se construyó Constantinopla.**

63. **El emperador romano Constantino el Grande reorganizó el Imperio romano en el año 330,** dividiéndolo en dos territorios separados para facilitar su gobierno.

64. **El Imperio romano de oriente, con su capital Constantinopla,** se fue separando poco a poco del Imperio romano de occidente debido a su marcada **cultura helenística** en comparación con **la cultura latina de occidente.**

65. **El Imperio bizantino sobrevivió a la caída de Roma en el 476** y continuó existiendo como una entidad separada hasta su colapso, casi mil años después.

66. **El emperador bizantino fue considerado el nuevo líder de las antiguas tierras del Imperio romano de occidente,** aunque en realidad nunca tuvo poder político en esa región.

67. **Los bizantinos se referían a sí mismos como romanos, preservando el legado cultural y jurídico del antiguo Imperio romano** incluso cuando cayó su homólogo occidental.

68. **Mientras el resto de Europa luchaba entre sí, los eruditos bizantinos conservaron y estudiaron antiguos textos griegos y romanos,** contribuyendo al renacimiento del aprendizaje clásico durante el Renacimiento.

69. **La burocracia del imperio estaba muy organizada,** con funcionarios divididos en varias clases dependiendo de sus deberes y responsabilidades.

70. **El sistema jurídico bizantino incorporó el derecho romano y más tarde los principios cristianos,** contribuyendo al desarrollo de las leyes civiles y religiosas.

71. **El imperio alcanzó su mayor extensión durante el reinado de Justiniano I** (527-565), recordado como uno de los gobernantes más exitosos de la historia romana.

72. **Justiniano lanzó campañas militares para reconquistar gran parte de los territorios perdidos en Occidente,** recuperando partes del Mediterráneo occidental, la costa norteafricana e Italia.

73. **Además de las exitosas conquistas militares,** Justiniano es recordado por sus contribuciones al establecimiento de un nuevo código civil.

74. **Su reinado también marcó la época en que el cristianismo se consolidó como la religión más extendida en el Imperio bizantino.**

75. **El cristianismo se convirtió en la religión oficial del imperio durante el reinado de Teodosio I en el siglo IV,** pero tardó mucho tiempo en convertirse en la religión mayoritaria.

76. **Tras la muerte de Justiniano, los territorios reconquistados se vieron amenazados directamente por los bárbaros,** lo que hizo imposible que sus sucesores los mantuvieran, comenzando un largo periodo de lenta decadencia para el Imperio bizantino.

77. **En el siglo VII, con el auge del islam, el Imperio bizantino perdió el control de sus tierras en Oriente Próximo,** ya que los califatos musulmanes derrotaron repetidamente a las fuerzas bizantinas.

78. **La batalla de Yarmouk, en el 636, supuso la primera gran derrota de los bizantinos a manos de las fuerzas islámicas,** lo que condujo a la pérdida del Levante.

79. **Entre el 674 y el 678, los árabes llegaron a sitiar la propia Constantinopla,** aunque los bizantinos salieron victoriosos, organizando una defensa dirigida por el emperador Constantino IV.

80. **En esta batalla, los bizantinos utilizaron una poderosa arma llamada fuego griego,** que era una sustancia altamente inflamable y muy eficaz contra los barcos de madera.

81. **Los árabes volvieron a asediar Constantinopla entre el 717 y el 718, pero no tuvieron éxito,** ya que los bizantinos utilizaron catapultas *trebuchet* para lanzar cadáveres y animales plagados de enfermedades por encima de las murallas de la ciudad y debilitar a los sitiadores árabes.

82. Con el paso del tiempo, **las diferencias entre el Imperio bizantino y el resto del mundo cristiano** empezaron a hacerse más evidentes a la hora de entender el dogma cristiano y las prácticas ceremoniales.

83. **En los siglos VIII y IX, el imperio se vio dominado por una controversia religiosa en torno a la cuestión de los íconos,** que desembocó en el surgimiento de la iconoclasia como rasgo distintivo del cristianismo oriental.

84. **Cuando la Iglesia cristiana se dividió oficialmente en dos en el siglo XI,** el Imperio bizantino ya estaba muy distanciado, tanto cultural como políticamente, de Occidente, lo que dificultaba aún más la resistencia a nuevas invasiones.

85. **Durante este período, el imperio se vio amenazado no solo desde el este, sino también desde el noroeste,** ya que los pueblos búlgaros y jázaros que emigraban obligaron al emperador a hacer concesiones en los Balcanes.

86. En el 867, **Basilio I se convirtió en emperador, estableciendo la dinastía macedonia,** que marcó un breve período de resurgimiento del Imperio bizantino durante unos 150 años.

87. **El Imperio bizantino comenzó a contraatacar a los musulmanes en el este,** a veces con la ayuda de los pueblos eslavos recién cristianizados de Europa oriental.

88. En el 1071, **los bizantinos sufrieron una devastadora derrota contra los selyúcidas en la batalla de Manzikert, en Anatolia.** Los bizantinos tuvieron que ceder gran parte de Anatolia oriental a los nuevos conquistadores.

89. **Esta derrota fue una de las razones detrás del lanzamiento de las Cruzadas,** ya que Constantinopla pidió ayuda a Occidente contra los invasores musulmanes.

90. **A pesar del relativo éxito de los primeros cruzados,** el Imperio bizantino nunca se recuperó de la invasión selyúcida. Su declive continuó durante los tres siglos siguientes.

91. En 1204, **el imperio se derrumbó casi por completo tras la toma de Constantinopla durante la cuarta Cruzada,** lo que condujo a la fragmentación de los antiguos territorios bizantinos en los Balcanes y Anatolia y al establecimiento del Imperio latino.

92. **Estos nuevos estados se desafiaron mutuamente por el dominio de la región,** pero ninguno fue suficientemente fuerte para hacer frente a la nueva **potencia musulmana** que emergía: **los turcos otomanos.**

93. Los continuos conflictos con los otomanos debilitaron lo que quedaba del Imperio bizantino. **La batalla de Ankara, en 1402, resultó en la captura del emperador Manuel II Paleólogo por parte de los otomanos.**

94. **El asedio otomano final de Constantinopla en 1453, bajo Mehmed II** (también conocido como **Mehmed el Conquistador**), condujo a la caída de la ciudad y **al fin del Imperio bizantino.**

95. **La caída de Constantinopla marcó el fin de la existencia milenaria del Imperio romano** y supuso la transición al **dominio del Imperio otomano en la región.**

Invasiones y migraciones bárbaras
(siglos V-VIII)

Entre los siglos V y VIII, tribus germánicas como los visigodos, ostrogodos, vándalos y lombardos invadieron las provincias romanas. En este periodo los emperadores romanos se cambiaron por gobernantes de habla germánica, lo que permitió la aparición de nuevos reinos. A continuación, conozca cómo las tribus bárbaras influyeron en la composición de Europa durante la Edad Media.

96. La caída del Imperio romano de occidente sucedió en un marco más amplio de invasiones bárbaras y oleadas migratorias en Europa y Oriente Próximo, que duraron desde el siglo V hasta el VIII.

97. La palabra «bárbaro» tiene su origen en la antigua Grecia. Era utilizada por los griegos para referirse a las personas que eran extrañas, inferiores e incivilizadas a sus ojos.

98. Los antiguos romanos adoptaron la palabra para referirse a los pueblos no romanos que conquistaron a lo largo de los siglos.

99. Durante estas invasiones, gran parte de Europa occidental llegó a estar poblada por grupos de pueblos germánicos que habían abandonado sus tierras natales en busca de nuevas tierras o debido a la agitación política.

100. El Imperio romano intentó mantener a raya a los bárbaros durante siglos.

101. Los romanos vigilaban de cerca sus fronteras y libraban constantes guerras para mantener alejados a los bárbaros.

102. Sin embargo, el imperio se vio obligado a abrir sus fronteras y dejar que los bárbaros se establecieran en tierras romanas en el siglo IV debido a los numerosos emigrantes que querían entrar.

103. Los bárbaros salieron victoriosos contra los romanos en algunas ocasiones, como en la batalla del bosque de Teutoburgo, en el año 9 d. C., cuando una alianza de tribus bárbaras en Alemania derrotó a las legiones romanas.

104. Los combatientes bárbaros eran conocidos por su ferocidad, pero normalmente no eran rivales para los romanos a menos que tuvieran ventaja.

105. **Curiosamente, el Imperio romano de oriente no se vio afectado por las invasiones bárbaras;** logró resistir y no dejó que causaran inestabilidad como en el Imperio de occidente.

106. **El Imperio romano de oriente se vio ciertamente afectado por las oleadas migratorias y los conflictos,** pero contaba con ejércitos más profesionales y un gobierno y una economía más estables.

107. **Personas de otras partes de Eurasia se trasladaron al imperio,** con los ávaros asentándose alrededor de Hungría y los búlgaros en Tracia.

108. **Los pictos emigraron desde Escocia hacia el norte de Inglaterra;** los celtas se desplazaron hacia el sur, a Francia; los anglos, sajones y jutos se asentaron en Gran Bretaña; y los francos avanzaron hacia el este a través de Alemania.

109. **Estas migraciones permitieron que diferentes culturas se mezclaran,** creando nuevas costumbres e ideas sobre cómo gobernar y vivir.

110. **El latín se empezó a hablar menos y el cristianismo comenzó a extenderse rápidamente por Europa.**

111. **Los habitantes de distintas partes de Eurasia podían comunicarse entre sí sin tener que saber latín,** ya que las nuevas lenguas emergentes eran más accesibles, como la lengua germánica y las lenguas romances, (francés, español e italiano, entre otros).

112. **Las migraciones provocaron otros cambios en Europa,** como la introducción de unidades de caballería fuertemente acorazadas. Estas nuevas técnicas militares se utilizaron durante siglos.

113. **Los pueblos eslavos que emigraron hacia el este desde su tierra natal, cerca de la actual Polonia,** crearon un nuevo grupo de lenguas conocidas como lenguas eslavas.

114. **Los arabófonos que llegaron a España dieron lugar al español morisco.**

115. Uno de los líderes bárbaros más influyentes fue Odoacro, que depuso a Rómulo Augusto (último emperador del Imperio romano de occidente) en el 476, lo que marcó el fin de la Antigüedad y el comienzo de la Edad Media.

116. En la época, mucha gente creía que las invasiones bárbaras eran un castigo divino; por ejemplo, los hunos, liderados por Atila, fueron vistos como el azote de Dios cuando invadieron y diezmaron gran parte de Europa oriental en el siglo V.

117. Migrando hacia el oeste desde Asia central, las hordas hunas derrotaron a todos los que se encontraban en su camino y causaron grandes estragos a los romanos.

118. Los hunos eran expertos jinetes y experimentados guerreros. La guerra a caballo les permitió derrotar a casi todos los pueblos que encontraban a su paso.

119. Muchos bárbaros adoptaron el cristianismo durante este periodo.

120. Muchas tribus bárbaras fueron influenciadas por misioneros romanos o se convirtieron por el contacto con otros cristianos que vivían cerca, como los francos.

121. Estas invasiones fueron responsables del inicio de la Edad Media, que se convirtió en uno de los periodos más influyentes de la historia con su estilo único de arquitectura, arte y literatura.

122. Los líderes bárbaros crearon reinos en diferentes regiones a partir de los restos del Imperio romano de occidente.

123. Los visigodos se apoderaron de Iberia y el sur de Francia.

124. Los vándalos se establecen en el norte de África.

125. Los sajones, los francos, los jutos, los burgundios, los alamanes y los suevos se apoderaron de partes significativas del antiguo **Imperio romano de occidente,** pero sus formaciones estatales eran pequeñas, a diferencia de las de las de **los visigodos o los vándalos**.

Inglaterra anglosajona
(siglo V al XI)

Los anglosajones son bien conocidos en la historia por haberse apoderado de Gran Bretaña. Descubra treinta datos interesantes sobre cómo colonizaron la isla y se hicieron con el poder.

126. **La isla de Gran Bretaña estuvo bajo el control del Imperio romano durante más de tres siglos,** desde mediados del siglo I d. C. hasta el colapso del Imperio romano de occidente, en el 476.

127. **A principios del siglo V, cuando el Imperio romano luchaba por mantener a raya la migración bárbara a sus tierras,** el emperador Constantino III tomó la decisión de retirar las fuerzas romanas de Britania para apoyar a otros contingentes en Europa continental.

128. **Para los gobernantes de la provincia,** esto significaba que tenían que ocuparse de sí mismos.

129. **Para defenderse de las incursiones de los pictos en la actual Escocia,** decidieron reclutar cada vez más tribus germánicas para que fueran mercenarios en sus ejércitos. Esto también sucedió ampliamente en las últimas etapas del Imperio romano de occidente, donde los romanos empleaban a miembros de tribus extranjeras, una práctica que resultó insostenible a largo plazo.

130. **La mayoría de los guerreros que reclutaron los oficiales romanos en Britania eran anglos y sajones,** que habían habitado en las zonas del actual norte de Alemania y Dinamarca.

131. **Con el tiempo, los anglosajones emigraron a Britania en masa,** asentándose en ciudades costeras y apoderándose poco a poco del corazón de la isla.

132. **Los anglosajones empujaron hacia el oeste a la población local británica,** que había vivido en la isla incluso antes de la conquista romana.

133. **Los romano-britones resistieron la migración masiva e incluso derrotaron a los anglosajones alrededor del año 500 en la batalla del monte Badon,** un suceso que detuvo temporalmente la toma anglosajona de Gran Bretaña.

134. **Sin embargo, hacia el año 600, los anglos se habían apoderado casi por completo del centro y el oriente de la isla.** Los sajones controlaban gran parte del sur, mientras que la población británica local se vio obligada a trasladarse a la actual nación de Gales.

135. **Los anglosajones desarrollaron sus propias formaciones estatales.** Había siete entidades políticas diferentes, que llegaron a conocerse como **la heptarquía** (de la palabra griega *hepta*, que significa siete).

136. **En la heptarquía había cuatro reinos anglosajones mayores y tres menores: Mercia, Wessex, Northumbria y Anglia Oriental** eran los mayores; y Essex, Kent y Sussex eran los reinos menores.

137. **Los reinos de la heptarquía se disputaron el dominio** de la región durante varios siglos.

138. **Los anglosajones terminaron por adoptar el cristianismo.** A San Patricio se le atribuye haber convertido a los anglosajones y a los pictos, aunque su principal reconocimiento es por haber llevado el cristianismo a gran parte de Irlanda.

139. **Se cree que el primer anglosajón que se convirtió al cristianismo fue el rey Ethelbert de Kent** (c. 560-616), que se erigió como una de las figuras más interesantes de la Inglaterra de la Alta Edad Media.

140. **Ethelbert se casó con Bertha, la hija de Charibert I, el rey de los francos,** forjando una alianza efímera pero poderosa que llevó **al Reino de Kent** a dominar brevemente **la heptarquía**.

141. **A Ethelbert también se le atribuye la creación del primer códice jurídico germánico escrito, la Ley de Ethelbert.**

142. En el siglo VIII, **la heptarquía tuvo que hacer frente a la mayor amenaza que había sufrido hasta entonces: las incursiones de los vikingos procedentes de Escandinavia.**

143. **Gran Bretaña fue el destino preferido de los vikingos.** Tras alcanzar las costas británicas a finales del siglo VIII, en Lindisfarne, los vikingos regresaron con una enorme fuerza en el 865 para conquistar los reinos ingleses.

144. **Esta fuerza vikinga fue llamada por los ingleses como el Gran Ejército Pagano.** El ejército vikingo fue capaz, con refuerzos a lo largo de los años, de apoderarse de casi todos los territorios del norte y el centro de Inglaterra.

145. **El Reino de Northumbria, que fue el más damnificado por el asalto vikingo inicial,** cayó en el 867, luego vino Anglia oriental en el 869 y después la mayor parte de Mercia en el 877.

146. **Solo el Reino de Wessex resistió a las invasiones vikingas.** Incluso fue capaz de derrotar a **los vikingos en la batalla de Edington**, en el 878, liderado por su rey, Alfredo el Grande.

147. **Alfredo el Grande es recordado como uno de los reyes más poderosos de la heptarquía.** Además de defender su reino de los vikingos, fue un gran gobernante que introdujo reformas administrativas y militares, construyó un sistema de defensa por toda Inglaterra y apoyó las artes y la cultura.

148. **En sus últimos años, Alfredo inició el proceso de unificación de Inglaterra, intentando hacerse con los territorios anglosajones** que habían sobrevivido a las incursiones vikingas.

149. **Los sucesores de Alfredo pasaron a la ofensiva y retomaron el control de Anglia Oriental en la primera década del siglo X.**

150. **El rey Athelstan anexionó Northumbria en el 927** y derrotó a un gran ejército de enemigos **daneses y escoceses en la batalla de Brunanburh,** en 937, convirtiéndose en el primer rey de una Inglaterra unida.

151. Sin embargo, **a pesar de las victorias de Athelstan, a sus sucesores les costó mucho esfuerzo mantener el control de los territorios conquistados**, especialmente en el norte y sobre todo cuando las incursiones vikingas se reanudaron a mayor escala a finales del siglo X.

152. **El trono de Inglaterra fue finalmente reclamado por Cnut, hijo del rey Sweyn de Dinamarca,** tras una lucha sucesoria que vio morir a **Edmundo II** en circunstancias sospechosas.

153. **Aunque un extranjero subió al trono en 1016**, se cree que el fin del dominio anglosajón terminó cuando Guillermo el Conquistador tomó el poder en 1066.

154. **La historia de la Inglaterra anglosajona está relativamente bien documentada en la** *Crónica Anglosajona,* una colección de anales que muy probablemente fue compilada hacia finales del siglo IX bajo el reinado de **Alfredo el Grande** y que fue actualizada en los siglos siguientes.

155. **Este periodo proporciona una visión crucial de muchos de los aspectos culturales y políticos de la Gran Bretaña posanglosajona,** como las divisiones administrativas o lingüísticas que aún existen en la actualidad.

La expansión musulmana
(del siglo VII al XV)

Este capítulo explora la fascinante historia de la expansión musulmana entre los siglos VII y XV. Explore la Edad de Oro islámica y descubra cómo los musulmanes expandieron sus dominios tan rápidamente.

156. **La expansión musulmana comenzó en el siglo VII con el surgimiento del islam** y siguió con la conquista por parte de los musulmanes de gran parte del suroeste de Asia, el norte de África y partes de Europa en el siglo VIII.

157. **Este periodo se conoce a menudo como la Edad de Oro islámica, ya que la ciencia, la tecnología y el arte florecieron bajo el dominio musulmán**, primero entre el 750 y el 1200 d. C. y más tarde durante el apogeo del Imperio otomano, hasta finales del siglo XVI.

158. **El Siglo de Oro islámico fue testigo de maravillosos avances en los campos de la ciencia, las matemáticas y la medicina,** pero estos descubrimientos no llegaron al mundo cristiano hasta siglos más tarde, cuando se afianzó el contacto con el mundo árabe.

159. **Inventos como el astrolabio fueron creados en los países musulmanes y tuvieron un gran impacto en la vida,** lo que llevó a las minorías cultas de los estados musulmanes a ser más sofisticadas en comparación con sus similares europeos.

160. **Los gobernantes musulmanes colaboraron con médicos y científicos árabes para lograr avances en medicina.** Estos avances se basaron en los trabajos de médicos griegos, como Hipócrates y Galeno.

161. **Durante esta época, algunas ciudades importantes, como Córdoba (España),** fueron fundadas o ampliadas debido a su ubicación estratégica, que las hacía encrucijadas de las rutas comerciales o buenos emplazamientos defensivos.

162. **Uno de los resultados de la expansión musulmana fue la arabización (difusión de la cultura, la lengua y las costumbres árabes) de lugares como el norte de África y el Levante,** donde las poblaciones no eran tradicionalmente árabes.

163. **La conquista militar no fue la única vía de expansión del islam**. La cultura y la educación islámica se difundieron a través de **las universidades, como Al-Azhar en El Cairo**, que sigue siendo una de las universidades activas más antiguas del mundo.

164. **La fiscalidad fue un factor importante en la expansión de las provincias.** Los impuestos se recaudaban en diferentes zonas y se utilizaban para financiar proyectos públicos como mezquitas, escuelas y otras infraestructuras. Esto permitió el crecimiento sin requerir mucha mano de obra o recursos de las poblaciones locales.

165. **La difusión del sufismo contribuyó a la expansión musulmana.** Esta doctrina guiaba a las personas que buscaban respuestas fuera de las enseñanzas religiosas tradicionales.

166. **El sufismo permitió acceder a la paz interior sin dejar de seguir las leyes y principios islámicos del Corán.** La gente también se benefició de la aceptación social que conllevaba. Hasta el día de hoy, el sufismo es una parte importante de la cultura islámica.

167. **Durante este periodo, los musulmanes establecieron centros comerciales a lo largo de la Ruta de la Seda, que conectaba Asia oriental con Europa.** La Ruta de la Seda condujo a una gran prosperidad económica debido a la afluencia de bienes, servicios e ideas entre diferentes regiones.

168. En el siglo VIII, **el califa al-Mansur ordenó la construcción de Bagdad**, que sirvió como capital a la dinastía abasí y se convirtió en un centro de aprendizaje durante la Edad de Oro islámica.

169. **Los gobernantes musulmanes construyeron grandes monumentos como la Gran Mezquita en Damasco y otros lugares en La Meca y Medina para honrar su religión** y mostrar respeto y poder.

170. **Entre los siglos VIII y X se establecieron fábricas de papel en diferentes partes del mundo musulmán, como Egipto y Siria.** Esto permitió escribir todo tipo de conocimientos. Como resultado, la alfabetización se extendió entre quienes vivían bajo el dominio islámico.

171. **En el mundo islámico se desarrolló un sistema bancario** que facilitó el comercio y proporcionó seguridad contra los robos.

172. **Las escuelas islámicas regionales enseñaban a los niños sobre la religión y los valores asociados a ella.** Las escuelas también enseñaban a leer y escribir, lo que condujo a un aumento significativo de los niveles de educación a lo largo de los siglos.

173. **La expansión musulmana vio surgir poderosos imperios como el omeya**, que llegó a conquistar gran parte de Iberia y el sur de Francia antes de ser derrotado por los francos en la batalla de Tours (732).

174. **En el norte de África surgieron las dinastías fatimí y ayubí,** que desafiaron a los cruzados y a los pueblos túrquicos recién llegados de Asia central.

175. **El califato omeya fue el segundo califato que se estableció tras la muerte del profeta Mahoma**. Se expandió por Arabia, Persia, el norte de África, Iberia y Anatolia.

176. **En el año 750, el califato omeya fue sucedido por el califato abasí,** que extendió aún más el islam por las antiguas tierras persas y partes de Asia central.

177. A partir del siglo VIII, **muchos lugares tomados por los musulmanes se arabizaron, haciendo del islam su religión dominante**. Los gobernantes musulmanes ejercieron más presión sobre los estados cristianos, especialmente sobre el Imperio bizantino.

178. **Con el tiempo, los califatos árabes empezaron a debilitarse por la presión de los cruzados y los pueblos túrquicos**, que emigraron y conquistaron gran parte del mundo musulmán.

179. **Los selyúcidas se apoderaron de gran parte de Oriente Próximo a finales del siglo XI.** Como ellos mismos adoptaron el islam, iniciaron una nueva era de expansión musulmana.

180. **Tras la conquista de los turcos, los reinos musulmanes se expandieron significativamente con el surgimiento del Imperio otomano,** que tuvo su apogeo en los siglos XV y XVI. Antes de esa época, muchos estados islámicos luchaban a menudo entre sí por los mismos territorios.

La Reconquista
(711-1492)

Durante siglos, la península ibérica se vio envuelta en una larga y compleja lucha por el control entre las fuerzas musulmanas y los reinos cristianos de Castilla, Aragón, Navarra, Portugal y otros estados europeos. Este conflicto se conoce como la Reconquista, que en última instancia condujo a la expulsión de los musulmanes de España o a su conversión al cristianismo. Explore cómo esta sangrienta guerra moldeó la sociedad española e impactó en Europa.

181. **La Reconquista fue una lucha de siglos para recuperar la península ibérica del dominio musulmán**.

182. Comenzó en el 711, **cuando los musulmanes conquistaron gran parte de la Hispania visigoda**, y duró hasta 1492 **con la caída de Granada**, que marcó el fin del dominio islámico en la península.

183. Diferentes **estados musulmanes controlaron Iberia y la costa norteafricana durante este periodo**, destacando **el califato de Córdoba** (929-1031) y **la dinastía almohade** (1121-1269).

184. A pesar de que estos estados musulmanes eran entidades políticas independientes y sucesivas, **los cristianos, se referían a ellos como los moros**, un término que se utilizaba para describir a las poblaciones musulmanas o árabes en Iberia, el norte de África y Sicilia.

185. **La Reconquista fue un esfuerzo consciente por recuperar los territorios que los cristianos** habían perdido a manos de las fuerzas islámicas en los siglos VII y VIII.

186. **La Reconquista también asistió a una lucha interna entre diferentes reinos cristianos,** como Castilla, Aragón, Navarra y Portugal.

187. **El papa Gregorio VII animó a los cristianos españoles a tomar las armas contra los musulmanes durante el siglo XI,** lo que dio lugar a un aumento de las guerras santas («Cruzadas») que contribuyeron aún más a la derrota de los musulmanes.

188. En el 1135, **Alfonso VI se declaró emperador de España tras reconquistar Toledo a las fuerzas moras,** aunque la España unificada solo surgió un par de siglos después.

189. **La figura más importante asociada a la victoria cristiana sobre las fuerzas musulmanas es el rey Fernando III, que reconquistó Córdoba,** Sevilla y otras ciudades entre 1217 y 1252, lo que supuso un importante punto de inflexión en la guerra.

190. **Fernando III también aseguró una unión permanente entre las dos coronas ibéricas de Castilla y León,** lo que facilitó la lucha contra los musulmanes.

191. **Las divisiones y rivalidades internas entorpecieron a las fuerzas musulmanas,** lo que provocó un declive de su poder en Iberia.

192. Hacia 1250, **la mayor parte de Iberia estaba bajo control cristiano, excepto una porción conocida como el emirato de Granada,** que resistió hasta 1492.

193. En 1475, **el rey Fernando II de Aragón se casó con la reina Isabel I de Castilla,** un acontecimiento que unificó dos de las mayores coronas católicas de Iberia y sirvió como base para un reino español unido.

194. **Con España unificada, los cristianos pudieron expulsar fácilmente a las fuerzas musulmanas** que quedaban en el sur de la península.

195. **Granada acabó cayendo en manos de los reyes Fernando e Isabel.** Los gobernantes españoles también lanzaron exitosas campañas contra otros bastiones moros en África durante este periodo.

196. **Durante la Reconquista, las fuerzas cristianas a menudo eran superadas en número, pero tenían tácticas y tecnología superiores.** El celo con el que luchaban para recuperar las tierras que creían que les pertenecían jugó un papel importante en su éxito final.

197. **Durante las Cruzadas, se organizaron algunas expediciones militares para ayudar a los cristianos contra los musulmanes en Iberia.**

198. **Las órdenes militares católicas, sobre todo los Caballeros Templarios y la Orden de Santiago,** desempeñaron un papel importante durante la Reconquista.

199. **Los gobernantes católicos solían conceder a las órdenes militares el control de castillos estratégicamente importantes** para que lucharan y los mantuvieran con sus propias fuerzas.

200. **Las órdenes militares participaron en campañas. Sus miembros eran guerreros profesionales y devotos**, lo que los convertía en excelentes luchadores en el campo de batalla.

201. **Con el final de la Reconquista no se detuvo el esfuerzo de los cristianos** por homogeneizar a la población de Iberia bajo una misma fe.

202. **Los musulmanes y otras minorías religiosas, concretamente los judíos**, fueron duramente perseguidos y obligados a convertirse al cristianismo.

203. **El final de la Reconquista coincidió con el auge de la Inquisición española,** una de las instituciones más infames e intolerantes con las poblaciones religiosas no católicas.

204. Aunque muchos **musulmanes huyeron de Iberia tras la derrota del emirato de Granada,** a finales del siglo XV, los que se quedaron acabaron convirtiéndose en una minoría reconocida por la corona española.

205. **A estos musulmanes se les denominó mudéjares y se les permitió practicar su religión** y costumbres en pequeñas comunidades por toda España.

206. **La presencia musulmana tuvo una influencia duradera en el arte, la lengua** (con cientos de palabras adoptadas del árabe), la música, la literatura, la arquitectura y la ciencia españolas.

207. **A medida que la influencia musulmana disminuía, se desarrollaron nuevas formas de música, como el flamenco,** que mezclaba elementos islámicos y europeos.

208. **La dominación islámica trajo consigo importantes avances en la ciencia, las matemáticas y la astronomía** que se extendieron por Europa durante este periodo, lo que contribuyó a impulsar nuevos descubrimientos durante el Renacimiento.

209. **Se cree que alrededor de siete millones de personas murieron durante la Reconquista.**

210. **El final de la Reconquista fue un hito importante en la historia europea, ya que marcó el fin del dominio musulmán en la península ibérica,** una región bajo control islámico desde el 711.

El papado
(siglo VII al XIV)

El papado alcanzó su apogeo entre los siglos VII y XIV. Estos datos interesantes hablan del poder del papado y de algunas de las figuras clave que se hicieron un nombre.

211. **El papa es el jefe de la Iglesia católica. San Pedro**, el primer obispo de Roma, es considerado el primer papa, aunque el cargo no tuvo este nombre hasta mucho después.

212. **El número exacto de papas a lo largo de la historia es discutido. Algunos ocuparon el cargo varias veces** y otros solo durante unos días. Sin embargo, la mayoría de los historiadores coinciden en que ha habido 266 papas en la historia.

213. **La historia temprana del papado es muy complicada. Durante los tres o cuatro primeros siglos tras la creación del cristianismo,** no desempeñó un papel importante en el Imperio romano.

214. Después del 476, **la Iglesia de Roma se consideró sucesora simbólica del Imperio romano de occidente**. Como resultado, el papado comenzó a crecer en importancia.

215. **El papa Gregorio I** (590-604) es considerado, con razón, uno de los papas más influyentes de la historia. Sus esfuerzos llevaron a que el papa se convirtiera en el líder espiritual de la inestable Europa occidental tras la caída del **Imperio romano de occidente**.

216. Durante este periodo, **los papas empezaron a ganar una gran autoridad sobre asuntos religiosos y cuestiones políticas dentro de Europa.**

217. **Los Estados Pontificios se establecieron en el 756, cuando el rey Pipino de los francos** (también conocido como Pipino el Breve) cedió grandes partes del centro de Italia al papa, **incluyendo Toscana, Umbría, Las Marcas, Romaña y Lacio**. Este acuerdo duró hasta 1870, cuando Italia se anexionó estos territorios.

218. **Una institución importante del papado es el Colegio Cardenalicio,** compuesto por cardenales nombrados por el papa. Su función es asesorar al papa en asuntos importantes relacionados con la Iglesia católica y elegir a los futuros papas cuando sea necesario.

219. **Tras el establecimiento de los Estados Pontificios, el poder y la influencia del papa crecieron exponencialmente.** Los papas a menudo se involucraban en asuntos internacionales para apoyar o castigar a los gobernantes católicos.

220. **La influencia papal alcanzó su punto álgido durante la época de las Cruzadas,** que comenzaron cuando el papa Urbano II llamó a los cristianos de Europa a unirse y reclamar Tierra Santa a los musulmanes en 1095.

221. **La Inquisición papal se estableció entre finales del siglo XII y principios del XIII;** era una institución con el objetivo de combatir la herejía en todos los reinos cristianos.

222. **Los inquisidores acusaban a los presuntos herejes o no creyentes de multitud de delitos** como la blasfemia y los llevaban a juicio, lo que supuso el encarcelamiento o la pena capital para miles de individuos.

223. **El papa Bonifacio VIII (1294-1303) fue uno de los más controvertidos de la historia.** Sus intentos de expandir el poder papal y su influencia sobre otros gobernantes europeos provocaron un cisma dentro de la iglesia y múltiples excomuniones.

224. **En 1302, promulgó una bula papal conocida como *Unam sanctam*,** que declaraba que el papa tenía autoridad sobre todos los gobernantes terrenales, incluidos los reyes. Muchos gobernantes europeos desafiaron esta afirmación.

225. Se llama bula papal a un documento especial emitido por el papa y que puede contener desde declaraciones de guerra hasta excomuniones u otras formas de acción disciplinaria.

226. Entre 1309 y 1376, **debido a los conflictos internos de los Estados Pontificios y al complejo clima político de la época,** siete papas sucesivos residieron en la ciudad de Aviñón, actual Francia.

227. Durante el papado de Aviñón, **la corona francesa interfirió fuertemente en los asuntos papales**.

228. **El papado de Aviñón se hizo conocido por su extrema corrupción**. Muchos papas franceses abusaron de sus cargos para beneficio personal, incluyendo la concesión de favores a cambio de dinero o apoyo político, mientras descuidaban los deberes asignados dentro de la iglesia.

229. **El papa Gregorio XI** (1370-1378) **fue el último papa francés y regresó a Roma a petición del pueblo italiano,** harto de la corrupción durante el papado de Aviñón.

230. **El cisma papal duró de 1378 a 1417**, cuando tres papas reclamaron la autoridad sobre la Iglesia católica.

231. **Finalmente, se resolvió tras un largo periodo de mediación con la elección del papa Martín V, en 1417.**

232. **Durante este período, el papa introdujo muchas reformas, como la prohibición de la simonía** (venta de cargos eclesiásticos) y la promulgación de leyes para proteger al clero de ser maltratado por las autoridades seculares.

233. **Inocencio III** (1198-1216) **fue uno de los papas más exitosos e influyentes.** Aumentó significativamente el poder papal a través de exitosas campañas militares y negociaciones diplomáticas con gobernantes europeos, como **el emperador del Sacro Imperio Romano Germánico, Federico II.**

234. **Con el tiempo, las prácticas corruptas de la Iglesia y su pugna por el poder fueron reconocidas durante la Reforma protestante, cuando Martín Lutero** y otros se propusieron eliminar las prácticas nocivas de la Iglesia e introducir reformas.

235. **Aunque la credibilidad de la Iglesia sufrió un duro golpe durante la Reforma**, el papado desafió a los reformadores durante la Contrarreforma, cuando intentó reducir la influencia de las nuevas religiones protestantes.

El reinado de Carlomagno
(del 768 al 814)

Este capítulo explora cómo y por qué **Carlomagno se convirtió en uno de los gobernantes más poderosos de Europa**. Se presentan hechos fascinantes sobre su reinado, **desde el ascenso de Pipino III hasta su coronación por parte del papa León III, en la Navidad** del año 800, pasando por su fuerte gobierno central y un imperio que se extendía desde Alemania hasta España.

236. **Carlomagno, o Carlos el Grande, es recordado como uno de los más exitosos gobernantes de la historia.** Fue rey de los francos y fundador del Imperio carolingio.

237. **El padre de Carlomagno, Pipino III** (o Pipino el Breve), también fue **rey de los francos**. Gobernó partes de la actual Francia, Bélgica y Alemania.

238. **El reino de los francos fue una entidad política surgida tras la caída del Imperio romano de occidente**. Fue gobernado por la dinastía merovingia antes de que la línea carolingia de Pipino los reemplazara.

239. **Las victorias de Carlomagno sobre los sajones, que sucedieron del 772 al 804**, le permitieron expandir su imperio hacia la actual Alemania y conquistar Lombardía y Baviera.

240. En el 774, **Carlomagno derrocó al rey lombardo Desiderio**, lo que marcó el inicio de su reinado sobre los lombardos.

241. **Tras conquistar la mayor parte de Europa occidental a finales del siglo VIII**, Carlomagno fue coronado nuevo emperador «romano» por **el papa León III el día de Navidad** del año 800, lo que le convirtió en una figura sagrada del cristianismo en Europa y en sucesor simbólico de los romanos.

242. **La coronación de Carlomagno marcó el renacimiento del título de emperador en Europa tras la caída de Roma en el 476.** El título siguió siendo utilizado por los descendientes de Carlomagno hasta el 888.

243. **Finalmente, el rey de Alemania, Otón I, fue coronado emperador por el papa,** dando comienzo al Sacro Imperio Romano Germánico, que ocupó en su mayor parte tierras de la actual Alemania.

244. **La coronación de Carlomagno estableció un precedente para que todos los emperadores romanos posteriores fueran coronados por el papa hasta 1806,** cuando **Napoleón lo abolió** tras su victoria sobre Prusia y Austria-Hungría en Austerlitz (1805).

245. **Tras la muerte de Carlomagno, los gobernantes del Imperio carolingio** reivindicaron ser los sucesores de los antiguos emperadores romanos.

246. **Su coronación también lo situó simbólicamente al mismo nivel de prestigio y poder que el emperador bizantino,** convirtiendo a ambas figuras en rivales.

247. **La coronación de Carlomagno como nuevo emperador romano fue una jugada política muy inteligente para reforzar su legitimidad,** lo que le valió convertirse en un aliado de la Iglesia romana.

248. **Carlomagno fue un ávido promotor del cristianismo y de la Iglesia católica,** contribuyendo a su difusión por Europa durante su reinado mediante la construcción de nuevas iglesias, la convocatoria de concilios y el nombramiento de obispos partidarios de la doctrina.

249. **Carlomagno animó a las poblaciones de las tierras conquistadas a convertirse.** Quienes lo hacían eran recompensados con títulos y concesiones de tierras, lo que aumentaba el alcance de la religión en esas zonas. El número de creyentes cristianos creció exponencialmente durante su reinado.

250. **Carlomagno era bastante intolerante con quienes no aceptaban la conversión.** Por ejemplo, durante la infame masacre de Verden en el 782, el emperador ordenó la ejecución de miles de sajones por su negativa a convertirse.

251. **Carlomagno utilizó capitularios o leyes para mantener el orden en su imperio.** Estas leyes cubrían muchos aspectos de la vida, incluyendo la religión, el sistema judicial y la organización militar.

252. **Gobernantes posteriores, como Carlos V**, siguieron el ejemplo de Carlomagno y crearon sus sistemas legales basados en los mismos principios.

253. **Carlomagno estableció un fuerte gobierno central y un imperio que se extendía desde Sajonia en Alemania** hasta partes de la actual España. Fue la mayor entidad política de Europa tras la caída del Imperio romano de occidente.

254. **Su corte estaba repleta de eruditos, poetas, músicos y artistas**, lo que le permitió crear una cultura que reflejaba sus ideales para la Europa de la época, basada en las enseñanzas cristianas y en la **antigüedad grecorromana** (incluida la literatura latina).

255. **A Carlomagno se le atribuye la recuperación de la cultura de la Antigüedad clásica en Europa** debido a sus esfuerzos por promover la alfabetización y la educación. Esto se conoce como **el Renacimiento carolingio**.

256. **Durante su reinado, fomentó la educación creando escuelas y asegurándose de que estuvieran dotadas de personas cultas** y capaces de enseñar a los niños latín básico y otras habilidades, como la lectura y la escritura.

257. **Curiosamente, Carlomagno también estableció relaciones diplomáticas con los gobernantes musulmanes tras su conquista de Italia**. Los Anales Reales Francos mencionan que el **califa Harun al-Rashid de Bagdad** regaló a Carlomagno un elefante asiático y un reloj, aunque no está claro si esto es cierto o no.

258. **Como Carlomagno unió la mayor parte de Europa en una época de inestabilidad y guerras,** a veces se le llama el «Padre de Europa» (*Pater Europae*).

259. **Carlomagno eligió** como capital **la ciudad de Aquisgrán, situada en la actual Alemania occidental**.

260. **Carlomagno fue un gran guerrero**. Ganó varias batallas contra poderosos enemigos como **los sajones, los lombardos, los ávaros y los daneses**, lo que le permitió expandir su imperio.

261. Las campañas militares de Carlomagno en la actual España fueron cruciales para impedir que **los gobernantes musulmanes de Iberia lanzaran ataques contra la Europa cristiana.**

262. **Creó un sistema de impuestos que financió las campañas militares y los esfuerzos de expansión.**

263. **El reinado de Carlomagno fue testigo de un vasto progreso cultural a través del aumento de la infraestructura,** el comercio, los avances en la educación y el desarrollo intelectual, características que sentaron las bases de las civilizaciones europeas modernas.

264. Carlomagno, **uno de los conquistadores más influyentes de todos los tiempos**, será recordado para siempre como la persona que casi logra restaurar las antiguas fronteras del Imperio romano de occidente.

265. **En el 814, Carlomagno murió tras contraer una enfermedad pulmonar y fue enterrado en Aquisgrán.**

El fin del Imperio carolingio
(siglo IX)

El Imperio carolingio, fundado por Carlomagno en el año 800, fue uno de los más grandes y poderosos de la Europa medieval, abarcando la actual Francia, Alemania, Italia y otros países. Su desintegración fue un acontecimiento importante en la Edad Media. Europa ya no estaba bajo el control de una gran potencia, lo que allanó el camino para la aparición de las monarquías. A continuación, se presentan algunos datos interesantes sobre la disolución del **Imperio carolingio**.

266. **Tras la muerte de Carlomagno, su hijo Luis el Piadoso** tuvo dificultades para mantener el imperio de su padre debido a las luchas internas de poder.

267. **El Tratado de Verdún del 843 dividió el Imperio carolingio entre los hijos de Luis el Piadoso**, dando lugar a la creación de tres reinos separados: **Francia occidental, Francia media y Francia oriental.**

268. **Marcó el fin definitivo de la unidad carolingia** y sentó las bases para la posterior desintegración del imperio.

269. **El Tratado de Verdún también inició la transición de una estructura imperial centralizada** a un sistema fragmentado de reinos feudales, marcando el curso de la historia europea durante los siglos siguientes.

270. A pesar de la desintegración del imperio, **el legado de Carlomagno como figura unificadora de la historia europea perduró**, influyendo en las nociones posteriores de imperio y realeza.

271. **Francia occidental, gobernada inicialmente por Carlos el Calvo**, incluía la mayor parte de lo que hoy es Francia y sentó las bases del futuro Reino de Francia.

272. **Francia oriental, dirigida inicialmente por Luis el Germánico**, sentó las bases **del Sacro Imperio Romano Germánico, con Otón I ascendiendo al poder.**

273. **Francia Media, o Lothringia, situada entre los reinos occidental y oriental,** fue una entidad efímera y políticamente inestable que se disolvió debido a luchas internas.

274. **La desintegración del Imperio carolingio se vio agravada por amenazas externas, como incursiones** e invasiones **vikingas** que perturbaron el comercio y el gobierno.

275. **Estas incursiones continuaron incluso después de la disolución del imperio.** La más notable fue la invasión de un jefe vikingo llamado Rollo, en el siglo X, al que se le concedieron tierras en el norte de Francia, en la actual Normandía.

276. **La división del Imperio carolingio señaló el declive de los ideales imperiales de Carlomagno** y marcó la transición hacia un panorama político más descentralizado.

277. **El desmembramiento del imperio condujo al desarrollo de centros culturales diferenciados,** con ciudades como París, Aquisgrán y Fráncfort cobrando mayor importancia en sus respectivas regiones.

278. También permitió a **los nobles locales establecer sus propias dinastías** y ejercer un mayor control sobre sus territorios.

279. **La descentralización resultante de la desintegración del imperio contribuyó** al crecimiento del feudalismo, ya que los señores locales asumieron una mayor autoridad sobre sus tierras y poblaciones.

280. **La división del Imperio carolingio contribuyó al desarrollo de diferentes identidades lingüísticas y culturales en distintas regiones**, dando lugar a la aparición de diversas lenguas y tradiciones.

281. **Los gobernantes de los reinos fragmentados utilizaron a menudo los matrimonios dinásticos para forjar alianzas y asegurarse apoyos**, configurando la geopolítica de la era poscarolingia.

282. **Carlos el Gordo intentó reunificar brevemente el Imperio carolingio en el 884,** pero su incapacidad para gestionar eficazmente lo llevó a la destitución.

283. **En Francia oriental, la dinastía se extinguió con la muerte de Luis el Niño, en el 911.** Conrado I, del Ducado de Franconia, fue elegido nuevo rey.

284. **En Francia occidental, los carolingios fueron sustituidos por la dinastía de los Capetos.** Hugo Capeto I fue coronado nuevo rey de los francos en el 987.

285. **La dinastía carolingia persistió hasta el 1120, ya que sus sucesores se extinguieron lentamente** o perdieron el control en favor de aristocracias y familias gobernantes más poderosas.

286. **La división del imperio perturbó las rutas comerciales y las redes económicas establecidas,** afectando al flujo de bienes y recursos a través de los antiguos territorios imperiales.

287. **La división del imperio también influyó en el desarrollo de centros e instituciones religiosas,** con diferentes regiones promoviendo sus propias prácticas y afiliaciones religiosas (práctica que sería combatida por la Inquisición en los siglos posteriores).

288. **La desintegración del Imperio carolingio tuvo importantes implicaciones para el papado,** ya que influyó en la dinámica de la política y las alianzas papales.

289. **Las divisiones establecidas por el Tratado de Verdún** tuvieron un impacto duradero en las fronteras políticas europeas modernas.

290. **Las luchas dinásticas por el control de diversos territorios estuvieron a menudo marcadas por conflictos,** alianzas y lealtades cambiantes entre las familias nobles.

291. **La desintegración del Imperio carolingio desempeñó un papel en la formación de las primeras identidades nacionales,** contribuyendo a la diversidad de las culturas europeas.

292. **Como respuesta al colapso del imperio de Carlomagno,** empezaron a surgir nuevas formaciones estatales al este de las antiguas fronteras del imperio, sobre todo en Moravia y Bohemia.

293. **Algunas de estas regiones no estaban totalmente convertidas al cristianismo** y se enfrentaban a una **amenaza constante de invasión franca desde el oeste,** lo que les hizo surgir como rivales naturales.

294. **Finalmente, con el advenimiento del Sacro Imperio Romano Germánico,** muchos de estos territorios se integraron a través de guerras o de la diplomacia.

295. En definitiva, **el colapso del Imperio carolingio fue un acontecimiento significativo en la historia de la Alta Edad Media,** ya que condujo al surgimiento de una inestabilidad social y política aún mayor que persistió hasta después del Renacimiento.

Italia medieval
(siglo VIII al XIII)

La Edad Media afectó a algunas regiones de Europa más que a otras. En este capítulo, se ve cómo Italia se vio afectada por los tiempos cambiantes de la época medieval con estos treinta datos interesantes.

296. **La antigua provincia romana de Italia experimentó uno de los cambios más drásticos tras la caída del Imperio romano de occidente en el 476,** con múltiples reinos e imperios reclamando la soberanía sobre esta región antaño gloriosa.

297. **El reino ostrogodo, fundado por Odoacro, el líder germano** que derrocó al último emperador romano, fue destruido por **el emperador bizantino Justiniano,** que restauró gran parte del control romano en el centro y el sur de Italia en el siglo VI.

298. **El control bizantino de Italia duró poco. Otro pueblo germánico, los lombardos,** invadieron Italia a finales del siglo VI y conquistaron gran parte de la península.

299. **Los lombardos arrasaron con gran parte del campo y devastaron todo lo que encontraron a su paso,** estableciendo su capital en la ciudad septentrional de Pavía.

300. **Durante el control de Italia por parte de los lombardos, la Iglesia de Roma,** que hasta entonces había estado sometida al emperador oriental en Constantinopla, comenzó a surgir como institución propia e independiente.

301. **Los lombardos fueron derrotados por Carlomagno, que estableció el control carolingio** en el norte y centro de Italia a finales del siglo VIII. Carlomagno fue coronado emperador en el año 800 por el papa León III.

302. **Carlomagno cedió gran parte de los territorios del centro de Italia al papa y permitió que el Ducado de Benevento,** en el sur, actuara como intermediario entre su imperio y los territorios bizantinos que quedaban en el sur de Italia.

303. **Con la desintegración del Imperio carolingio**, las tierras del norte de Italia pasaron a formar parte del Reino de Italia, gobernado por Luis II, en el 839.

304. **Durante el resto del siglo IX, Italia se convirtió en objetivo de los ejércitos islámicos** que invadieron la península y Sicilia desde el norte de África.

305. **El sur de Italia se convirtió en un campo de batalla con diversas partes interesadas**, como los bizantinos, los árabes y los normandos.

306. **Los normandos habían sido reclutados inicialmente como mercenarios, pero** se independizaron de sus reclutadores en el siglo X.

307. **El reino de Italia fue finalmente absorbido por lo que se convirtió luego en el Sacro Imperio Romano Germánico.**

308. **El emperador del Sacro Imperio Romano Germánico era también nominalmente el rey de Italia.** Sin embargo, como pasaba la mayor parte del tiempo en tierras imperiales en Alemania, las tierras que controlaba en Italia se fueron descentralizando poco a poco ante la ausencia de autoridad.

309. **El vacío de poder que se creó hizo que los nobles más ricos se disputaran el poder,** lo que dio lugar a la aparición de poderosos centros en el norte de Italia.

310. **La relación entre los emperadores del Sacro Imperio Romano Germánico** y sus dominios italianos se volvió cada vez más hostil. Esto provocó disputas tras la muerte del emperador.

311. **El papado, que había disfrutado de su independencia y controlaba una parte considerable del territorio,** seguía siendo considerado una institución sagrada independiente y de esencia italiana. Esto contrarrestaba la autoridad del emperador del Sacro Imperio Romano Germánico.

312. **Mientras que la mayoría de los estados europeos, como Inglaterra y Francia,** adoptaron plenamente el sistema feudal, el control indirecto de Italia por el Sacro Imperio Romano Germánico hizo que tuviera un sistema político descentralizado.

313. **La descentralización de Italia dio lugar a múltiples ciudades-estado que eran gobernadas por familias adineradas o por una asamblea de las personas más poderosas de la ciudad.**

314. **Muchas ciudades-estado se sometieron a un gobierno oligárquico,** en el que los individuos más ricos detentaban todo el poder y dictaban los acontecimientos políticos.

315. **Las familias adineradas adquirían la mayor parte de su riqueza a través del comercio,** lo que condujo a la sustitución gradual del sistema feudal de propiedad de la tierra en la mayoría de las zonas.

316. **La mayoría de la gente común en Italia disfrutó de los beneficios del comercio y de los pequeños negocios** más que en otras sociedades medievales.

317. **Las ciudades italianas, aunque nominalmente bajo control imperial,** desarrollaron identidades únicas y emergieron como poderosas unidades políticas.

318. **Venecia es probablemente el mejor ejemplo de ello**. Era gobernada por un clan de oligarcas, aunque nominalmente era una república. Venecia contaba con una gran armada y obtenía la mayor parte de su poder del comercio local e internacional.

319. **La República de Venecia y la República de Génova establecieron sus propias colonias comerciales en diferentes partes del Mediterráneo y del mar Negro,** llegando incluso a lugares lejanos como Crimea. Esencialmente monopolizaron el control del comercio que llegaba a Europa desde Oriente.

320. **La Liga Lombarda,** formada por las ciudades más prósperas del norte de Italia, **derrotó al emperador del Sacro Imperio Romano Germánico Federico Barbarroja en Legnano,** en el 1176.

321. **A esta victoria siguió la Paz de Constanza**, que concedió a las ciudades-estado la exención oficial del control imperial y el derecho a autogobernarse.

322. **La victoria en Legnano dio más poder a las ciudades-estado italianas**, que continuaron con su crecimiento y desarrollo socioeconómico.

323. **Este crecimiento propició las circunstancias para el nacimiento del Renacimiento en el norte de Italia,** un movimiento cultural, científico y social que revolucionó **la Alta Edad Media**.

324. **Sin embargo, las ciudades-estado italianas no estaban a salvo de la guerra con el fin del control imperial.** A lo largo de los siglos, surgieron varios actores que intentaron someter a los italianos a su dominio, entre los que destacaron los franceses y los españoles.

325. **En conjunto, la historia de Italia durante la Edad Media es muy complicada,** ya que en ella intervienen multitud de actores culturalmente diversos que se disputan el dominio entre ellos.

La Italia normanda
(siglo X al XII)

En este capítulo se continúa con los acontecimientos de Italia dando un vistazo a la **conquista normanda,** que comenzó en el año 999 e impactó profundamente en la región.

326. **Los normandos, fieles a su sangre vikinga, emprendieron largos viajes por el mundo conocido.** En el siglo X llegaron a Sicilia, donde fundaron su propio estado.

327. **Si se da crédito a las crónicas locales, el Mediterráneo había sido asaltado por los vikingos** en el siglo IX, con incursiones dirigidas por Björn Ironside y Hastein.

328. **Por la misma época, los vikingos establecieron rutas comerciales terrestres con el Imperio bizantino** a través de las tierras de Europa oriental que se terminaron convirtiendo en la Rus de Kiev.

329. **El sur de Europa era tan consciente como el norte de la fuerza de los guerreros vikingos** y del peligro que suponían.

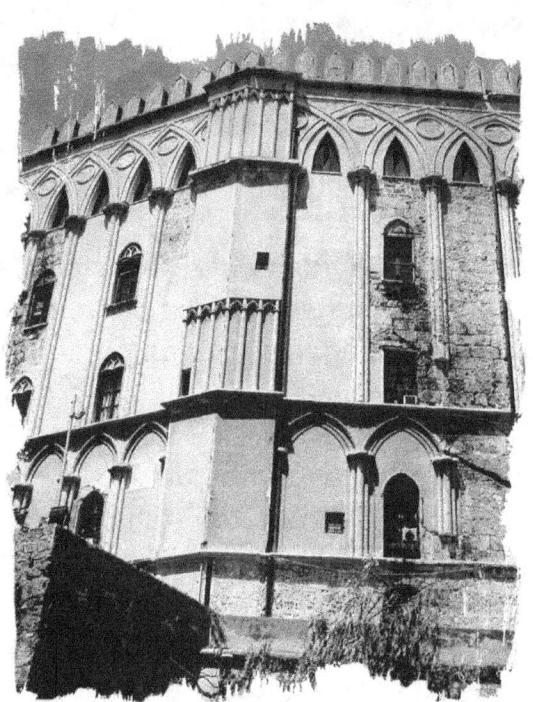

330. **De hecho, los mercenarios vikingos eran considerados una unidad de infantería de élite en el Imperio bizantino. Conocidos como la Guardia varega**, sirvieron directamente bajo las órdenes del emperador a partir del siglo X.

331. **En el año 1000, Italia estaba muy descentralizada, con la parte sur de la península dividida entre la influencia de los bizantinos y los lombardos restantes.**

332. **Fue en este clima político cuando los primeros normandos llegaron al sur de Italia,** alojándose con el príncipe Guaimar del pequeño Principado de Salerno en su camino hacia Jerusalén a finales del siglo X.

333. **En el momento de su llegada, Salerno fue atacada por los sarracenos,** árabes musulmanes del norte de África. Estos musulmanes ya habían conquistado la isla de Sicilia.

334. **Según la leyenda, aunque el príncipe lombardo accedió a las exigencias sarracenas y decidió pagar tributo**, los normandos le ridiculizaron, lucharon la guerra y derrotaron a los asaltantes sarracenos.

335. **El príncipe de Salerno, expresando su gratitud, ofreció a los normandos quedarse en su corte y les concedió tierras.** Incluso propuso que viniera más gente de Escandinavia para unirse a estos asentamientos.

336. **Esto dio lugar a una práctica que a veces se conoce como la «tradición de Salerno»,** con bandas de vikingos que llegaban regularmente al Mediterráneo en busca de nuevas oportunidades.

337. **Otros relatos contemporáneos discuten esta historia, pero a principios del siglo XI,** los vikingos ya habían establecido una pequeña presencia en el sur de Italia, que ampliaron gradualmente a lo largo de las décadas.

338. Hacia el año 1020, **los normandos se unieron a los gobernantes lombardos en una rebelión contra el control bizantino de la ciudad de Bari.**

339. **La rebelión fracasó, y los lombardos fueron incapaces de derrocar a sus señores bizantinos**. Sin embargo, los guerreros vikingos continuaron alistándose en los ejércitos locales como mercenarios.

340. **Aproximadamente una década más tarde, el jefe normando Rainulf obtuvo tierras en Aversa,** tras haber ayudado a un príncipe local contra sus rivales de Capua.

341. **Con el tiempo, los jefes normandos pudieron ampliar sus posesiones.** Además del condado de Aversa, obtuvieron tierras en Melfi y Capua, cerca de la actual ciudad de Nápoles.

342. **Al asentarse en estas tierras, adoptaron la cultura lombarda local** y se mezclaron con la población, al igual que habían hecho en Normandía siglos antes.

343. Hacia la década del 1060, **los normandos habían establecido una presencia permanente en el sur de Italia,** convirtiéndose en un elemento básico de los ejércitos locales y empezando a luchar frecuentemente para el emperador bizantino como parte de la Guardia varega.

344. **Los normandos aún no habían formado un «estado», pero sus asentamientos estaban estrechamente interrelacionados.** Su control del territorio se basaba en la sucesión hereditaria.

345. **Tras establecerse en la región, los normandos interactuaron regularmente con el papado,** con el objetivo de ganar legitimidad y ser respaldados por el papa. El reconocimiento del papa aumentó su estatus en la región.

346. **Los normandos de la casa de Hauteville consiguieron que el papa les concediera el título de condes de Sicilia**, que estaba bajo la soberanía del duque de Apulia.

347. **Sin embargo, Sicilia aún no estaba bajo su control. Los normandos lanzaron una invasión a Sicilia,** que estaba bajo dominio árabe, en la década del 1060.

348. **Roger de Hauteville consiguió tomar la crucial ciudad de Palermo a principios de 1072.**

349. **Roger I de Hauteville, normando del norte de Francia con orígenes vikingos,** se convirtió en el primer conde de Sicilia y continuó la conquista de la isla durante las siguientes décadas.

350. **La casa de Hauteville prosiguió su expansión por el sur de Italia continental.** Debido a la menguante presencia de los bizantinos en la región, los Hauteville se hicieron con gran parte de los antiguos territorios bizantinos.

351. **En el 1091, la isla de Sicilia estaba completamente bajo control normando.** Los normandos introdujeron el cristianismo latino a gran escala en la isla.

352. **Con el acuerdo del papa Inocencio II, Roger II de Hauteville creó oficialmente el Reino de Sicilia el día de Navidad** de 1130, que incluía la isla, el archipiélago maltés (que los normandos habían conquistado a finales del siglo XI) y las tierras del antiguo Ducado de Apulia, que también había sido controlado por los normandos.

353. **El Reino de Sicilia fue el segundo gran estado conquistado por los normandos,** después de Inglaterra.

354. **A diferencia de la campaña de Guillermo el Conquistador, que tuvo éxito poco después de la victoria en Hastings en el 1066,** la conquista del sur de Italia y Sicilia fue una empresa mucho más larga y costosa para los normandos.

355. **La conquista normanda del sur de Italia** sigue siendo uno de los acontecimientos más interesantes y singulares de **la Edad Media.**

La expansión vikinga
(del 793 al 1066)

Explore la fascinante historia de los vikingos en este capítulo. Se presentan datos interesantes sobre la cultura, las incursiones y la religión vikinga, entre otras cosas. Descubra cómo las habilidades superiores de navegación de estos pueblos les permitieron llegar a tierras lejanas y aprenda sobre famosos guerreros como Ragnar Lodbrok.

356. Los vikingos procedían de Escandinavia y eran marinos y comerciantes avanzados.

357. Recorrieron grandes distancias, a menudo por mar, para establecer rutas comerciales por gran parte del norte de Europa y más allá. Sin embargo, también eran conocidos por sus audaces y brutales incursiones.

358. El término «vikingo» tiene su origen en el nórdico antiguo, *víkingr*, que significa «pirata» o «asaltante».

359. Al principio, los vikingos asaltaban otras tierras sin establecer asentamientos permanentes, aunque con el paso de los años comenzaron a establecerse en lugares como Inglaterra y Escocia.

360. A finales del siglo VIII, las expediciones vikingas habían llegado a Constantinopla y Bagdad, en Oriente Próximo, e incluso al norte de África.

361. Los vikingos eran conocidos por su audacia y curiosidad por explorar nuevos lugares. Esto los llevó a descubrir Islandia hacia el año 830.

362. Fueron de los primeros europeos en explorar Norteamérica. Leif Erikson estableció un asentamiento en la actual Terranova (Canadá) en el año 1000, adelantándose a Cristóbal Colón unos quinientos años.

363. El apogeo de la presencia vikinga se conoce a menudo como la Era Vikinga, que duró desde el siglo VIII hasta el XI.

364. **Los vikingos solían asaltar ciudades costeras o monasterios, así como asentamientos indefensos.** Saqueaban recursos valiosos como monedas de plata, joyas de oro y artefactos religiosos, que intercambiaban por otros bienes cuando volvían a casa o utilizaban para pagar deudas o tributos exigidos por gobernantes extranjeros.

365. **El asalto al monasterio de Lindisfarne en Northumbria,** Inglaterra, en el 793, es una de las primeras incursiones vikingas bien documentadas.

366. **Al principio, los vikingos eran paganos.** Tenían su propio panteón de dioses y una mitología muy interesante.

367. **La mitología nórdica cuenta con numerosos dioses, como el dios del trueno Thor y la diosa de la fertilidad Freyja,** e interesantes historias, incluida una sobre el fin del mundo (Ragnarök).

368. **Los vikingos abrazaron cada vez más el cristianismo en el siglo X, después de haber estado expuestos a esta religión durante sus viajes e incursiones en tierras europeas.**

369. **Ragnar Lodbrok es uno de los guerreros vikingos más conocidos. En el 845** intentó atacar París, pero fracasó. A pesar de ello, su reputación entre otros guerreros creció hasta que llegó su muerte, a manos del rey Aella de Northumbria, en 865.

370. **La principal razón por la que los vikingos se extendieron tan rápidamente por Europa fue que poseían unas habilidades de navegación superiores.** Tenían intrincados mapas estelares, utilizaban constelaciones y cuerpos celestes para guiar el camino y conocían las corrientes marinas y los vientos.

371. En el 970, **Noruega y Dinamarca se unieron bajo un poderoso vikingo llamado rey Harald Bluetooth de Noruega.**

372. **Los vikingos eran famosos por su ferocidad y fuerza.** Eran guerreros brillantes que destacaban en el combate cuerpo a cuerpo.

373. **Los mercenarios vikingos eran usados a menudo por otros reyes en sus ejércitos.** El Imperio bizantino, por ejemplo, contó durante mucho tiempo con un contingente vikingo en su ejército.

374. **La mayoría de los guerreros vikingos utilizaban el hacha durante las incursiones.** Estas hachas tenían mangos largos y hojas de doble filo que podían usarse para ataques de tajo y de estocada, además de penetrar las armaduras con más eficacia que las espadas.

375. **Durante la época vikinga se desarrollaron muchas técnicas nuevas de construcción naval, como el uso de clavos de hierro en lugar de clavijas de madera,** lo que mejoró la navegabilidad de los barcos.

376. **El uso de clavos de hierro en lugar de clavijas de madera** también hizo que los barcos pudieran sostener a más marineros.

377. **Los vikingos viajaron más lejos y llegaron a nuevas tierras** con relativa facilidad en comparación con otros europeos, que estaban limitados por sus propias capacidades tecnológicas y de navegación.

378. **Los vikingos no eran solo asaltantes.** También desarrollaron rutas comerciales por Europa, especialmente en la zona del mar Báltico.

379. **Birka** (actual Suecia) **era un importante centro de comercio en Escandinavia.** Los comerciantes intercambiaban pieles, pescado, madera y esclavos.

380. En el 922, **los vikingos habían establecido asentamientos a lo largo de gran parte de la costa del norte de Europa,** incluyendo York/Jorvik (Inglaterra), Dublín (Irlanda) y Normandía (Francia), entre otros.

381. **El cristianismo se extendió por el norte de Europa en el siglo XI y provocó tensiones religiosas entre los vikingos que conservaban los dioses nórdicos y los que se habían convertido.** Esto provocó un aumento de la hostilidad entre los grupos, lo que finalmente se tradujo en el declive de las flotas de asalto.

382. **Los vikingos también influyeron en la cultura.** Aportaron nuevas palabras e ideas a la lengua inglesa, como «martes» (de *Tiwesdæg*) y «jueves» (de *Þórsdagr*), así como conceptos como «*berserk*», que procede del nórdico antiguo *berserkr*, que significa «camisa de oso» o guerrero que lleva una armadura de piel de oso.

383. **Los vikingos más exitosos eran conocidos como *berserkers*.** Entraban en un estado de trance durante la batalla para aumentar su fuerza y ferocidad.

384. **El *drakkar*, que significa «barco largo» era vital para el éxito de las expediciones vikingas.** Estas embarcaciones eran impulsadas por remeros o a vela, dependiendo de las condiciones, lo que las hacía ideales para asaltar ciudades costeras o viajar rápidamente largas distancias sin depender únicamente del viento.

385. **Existen muchas teorías sobre por qué los vikingos decidieron expandirse.** Una de las más populares sugiere que Escandinavia experimentó un auge demográfico y había escasez de alimentos.

386. **Otras explicaciones incluyen el carácter avanzado de su tecnología naval,** que incentivó la exploración y los viajes por el mar. Las ambiciones políticas y económicas también pudieron haber influido.

387. **Los vikingos fueron colonizadores en algunas tierras, como en el este de Europa y las actuales Ucrania y Rusia.** Las primeras formaciones estatales de estas regiones surgieron tras la llegada de los vikingos, que conquistaron a los pueblos locales y les exigieron tributos.

388. **La Rus de Kiev, por ejemplo, el estado centrado alrededor de la ciudad de Kiev,** fue fundada por un vikingo llamado Rurik.

389. **La Era Vikinga terminó en el 1066, cuando el rey Harald Hardrada de Noruega** fue derrotado en **la batalla de Stamford Bridge** por **las fuerzas anglosajonas**, dirigidas por Harold Godwinson.

390. **Aunque la expansión vikinga terminó, el legado de estos pueblos sigue vivo hoy en día a través del arte, la literatura y los medios de comunicación.** Mucha gente en todo el mundo sigue fascinada por estos feroces guerreros y sus increíbles hazañas inmortalizadas en la historia.

Rus de Kiev
(siglo IX al XIII)

Explore la historia de la **Rus de Kiev,** uno de los estados más interesantes y tempranos de Europa oriental en **la Edad Media.** Descubra más sobre su fundación y lo que lo llevó a convertirse en uno de los **reinos ortodoxos** más prósperos. Conozca a gobernantes tan importantes **como los príncipes Vladimir y Yaroslav el Sabio.**

391. **La Rus de Kiev, establecida en el siglo IX, fue fundada por vikingos escandinavos.**

392. **Los vikingos se adentraron en Europa oriental y se asentaron en la región que se convertiría en Kiev,** la capital de la Rus.

393. **La Rus de Kiev fue fundada por un vikingo llamado Rurik,** que estableció la dinastía de Rurik.

394. **La dinastía de Rurik gobernó la Rus de Kiev durante más de setecientos años,** con varias ramas en el poder en diferentes partes del reino.

395. **Kiev se convirtió rápidamente en uno de los centros de Europa oriental debido a su conveniente ubicación junto al río Dniéper.** La ciudad conectaba a los pueblos del norte de Escandinavia con el mar Negro y el Imperio bizantino a través del comercio.

396. **La princesa Olga de Kiev, gobernante en el siglo X, fue una de las primeras personas de la realeza de la región que se convirtió al cristianismo en el 957,** sentando las bases para la cristianización de la Rus de Kiev.

397. **En el 988, el príncipe Vladimir el Grande de Kiev abrazó formalmente el cristianismo y ordenó el bautismo masivo de sus súbditos en el río Dniéper,** marcando un momento crucial en la cristianización de la región.

398. **A medida que la Rus de Kiev prosperaba como centro comercial clave entre el Imperio bizantino y los países del norte de Europa,** el reino acumulaba riquezas. También fue receptor de intercambios culturales.

399. Dado que **el Imperio bizantino tenía más influencia sobre la Rus de Kiev que Roma,** este primitivo reino ruso se convirtió al cristianismo ortodoxo en lugar de al catolicismo.

400. **La estructura militar y social de la Rus de Kiev** se caracterizaba por una aristocracia guerrera conocida como los boyardos, que ostentaban un importante poder político y a menudo comandaban ejércitos en tiempos de conflicto.

401. **La jerarquía social de la Rus de Kiev estaba estructurada en torno al gran príncipe,** seguido de los boyardos, la nobleza menor, los comerciantes y los campesinos. Esta jerarquía se extendía al ejército, siendo el gran príncipe el comandante supremo.

402. **La Rus de Kiev empleaba un sistema feudal en el que el príncipe concedía tierras a los boyardos y otros nobles** a cambio de su servicio militar y su lealtad.

403. **La *druzhina* era un séquito de guerreros al servicio del príncipe.** Estos leales compañeros eran el núcleo de la fuerza militar del príncipe y le proporcionaban protección y apoyo en tiempos de guerra y de paz.

404. **Un código de honor y ética conocido como el deber *druzhina* guiaba el comportamiento de la clase guerrera.** Este código enfatizaba en la lealtad al príncipe, el valor en la batalla y la hospitalidad hacia los compañeros guerreros.

405. **La guerra era una parte importante de la sociedad de la Rus de Kiev** y los nobles se enorgullecían de sus habilidades marciales.

406. **El entrenamiento en combate y la equitación eran partes cruciales de la educación de los jóvenes nobles.**

407. **Haciendo suya su herencia vikinga, la Rus organizó diferentes incursiones marítimas** en los territorios vecinos, llegando incluso hasta el mar Caspio y Constantinopla.

408. **Ante las constantes amenazas de los pueblos vecinos, la Rus de Kiev construyó una red de fortalezas estratégicas,** como los krémlines, para defenderse de las invasiones externas y de las revueltas internas.

409. Los acuerdos militares y políticos se sellaban a menudo con banquetes y juramentos, en los que los líderes compartían una comida y hacían promesas solemnes.

410. La estrategia militar de la Rus de Kiev hacía hincapié en la defensa de los vastos territorios del reino, utilizando ríos, pantanos y densos bosques como barreras naturales contra las fuerzas invasoras.

411. Los guerreros de la Rus de Kiev eran hábiles incursores y llevaban a cabo tácticas de asalto y huida contra los territorios vecinos. Estas incursiones no solo les aportaban riqueza, sino que también ponían a prueba su destreza y les servían como entrenamiento.

412. Los guerreros de la Rus de Kiev eran utilizados a menudo como mercenarios por otros estados, sobre todo por el Imperio bizantino.

413. Una unidad militar de élite originaria de la Rus de Kiev y muy utilizada por los gobernantes bizantinos fue la Guardia varega. Así se referían los bizantinos a los guerreros vikingos nórdicos que luchaban en su ejército.

414. En general, la relación entre la Rus de Kiev y el Imperio bizantino estuvo marcada tanto por la cooperación como por la rivalidad, dando lugar a matrimonios diplomáticos, intercambios culturales y disputas territoriales.

415. Por ejemplo, la adopción del cristianismo ortodoxo vinculó a la Rus de Kiev con el mundo bizantino, dando lugar lazos religiosos y culturales que persistieron durante siglos. Sin embargo, los dos estados también se disputaban a menudo el control de las rutas comerciales.

416. Uno de los gobernantes más notables de la Rus de Kiev fue Yaroslav I, también conocido como **Yaroslav el Sabio,** que gobernó del 1019 al 1054. Su reinado estuvo marcado por reformas legales, la promoción de la educación y el desarrollo de un código legal escrito llamado *Russkaya Pravda*.

417. La Rus de Kiev asistió a un florecimiento de logros artísticos y arquitectónicos, con impresionantes estructuras como **la catedral de Santa Sofía en Kiev,** considerada uno de los mejores ejemplos de arquitectura bizantina en Europa del este.

418. La muerte de Yaroslav el Sabio condujo a la fragmentación política y a luchas internas entre sus descendientes, contribuyendo al debilitamiento y a la eventual fragmentación de la Rus de Kiev en principados más pequeños.

419. **En 1240, la Rus de Kiev cayó ante la invasión mongola liderada por Batu Khan,** marcando el fin de su autonomía y el comienzo de la dominación mongola, conocida como el yugo tártaro.

420. **El yugo tártaro duró casi dos siglos y medio, hasta que los príncipes rusos** lograron derrotar a sus soberanos mongoles en el siglo XV.

421. **Los mongoles se convirtieron en señores políticos de los antiguos príncipes**, que tuvieron que legitimar formalmente sus títulos con visitas a los kanes mongoles de la Horda de Oro.

422. **A pesar del dominio mongol, la Rus de Kiev dejó un impacto duradero en la formación de la identidad,** la lengua y la cultura rusas, sentando las bases del posterior estado de Rusia.

423. **Aunque no era exclusiva de la Rus de Kiev, la esclavitud existía** y los esclavos servían como obreros, sirvientes e incluso guerreros.

424. **Para convertirse en guerrero se debían seguir rituales y ceremonias. Los jóvenes nobles recibían sus armas y armaduras**, a menudo como regalos de sus familias, simbolizando su entrada en las filas de la clase guerrera.

425. **Iván el Terrible, el primer zar oficial de Rusia, reivindicó una conexión con la Rus de Kiev** para legitimar su gobierno y reforzar sus lazos con su legado histórico.

426. **Junto a Kiev, otras ciudades como Nóvgorod y Chernígov** (ahora conocida como Chernihiv) surgieron como importantes centros económicos, desempeñando un rol crucial en el comercio, el gobierno y el intercambio cultural.

427. **Tras la caída de Kiev, Nóvgorod fue una de las primeras repúblicas independientes de Europa**, siendo gobernada por un consejo.

428. La Rus de Kiev fue testigo del desarrollo de una literatura distintiva, que incluía textos religiosos, crónicas y poesía épica.

429. **Las innovaciones legales y administrativas de la Rus de Kiev**, como la división del reino en principados y el consejo de nobles conocido como *veche*, tuvieron un impacto duradero en el posterior gobierno ruso.

430. **El legado histórico de la Rus de Kiev sigue influyendo en naciones modernas como Rusia, Ucrania y Bielorrusia,** configurando sus relatos históricos, su identidad cultural y su dinámica geopolítica.

Feudalismo
(siglo IX al XIV)

El feudalismo fue un sistema social, político y económico que cambió Europa. Esta sección explora cómo evolucionó a lo largo de la época medieval y cómo funcionó.

431. **El sistema feudal comenzó a surgir aproximadamente a partir del siglo IX**, alcanzó su apogeo durante la Alta Edad Media y entró en un lento periodo de decadencia a partir del siglo XIV.

432. **Era un sistema jerárquico de organización social**, en el que el rey se situaba en la cúspide, seguido por distintos estratos sociales basados en la propiedad de la tierra.

433. **La sociedad feudal tenía tres clases principales: los nobles, los clérigos y los campesinos o siervos**. Cada clase tenía un papel específico dentro de la sociedad.

434. **En su esencia, el feudalismo se basaba en la relación entre un vasallo** (un campesino o una persona de posición social inferior) y su señor o soberano.

435. **El señor (una persona de mayor estatus social) concedía un feudo (tierra) a sus vasallos,** que a cambio le ofrecían lealtad y apoyo militar en tiempos de necesidad.

436. **Los vasallos prometían servir a su señor mediante un juramento llamado homenaje,** que era como un contrato que creaba un vínculo legal entre señor y siervo.

437. **A partir de este acuerdo se desarrollaba el sistema señorial**, que permitía a los campesinos acceder a las tierras del señor y vivir de ellas.

438. **Este sistema tiene su origen en las antiguas villas romanas,** conjuntos de lujosas propiedades a donde los propietarios patricios enviaban a plebeyos para administrar y trabajar sus tierras a cambio de alojamiento y una pequeña renta.

439. **La principal fuente de ingresos de los señores feudales procedía de los impuestos recaudados a los campesinos que trabajaban en sus tierras.** Utilizaban este dinero para pagar campañas militares o construir fortificaciones.

440. A cambio de su lealtad, **los vasallos podían quedarse con parte de las cosechas de las tierras** que cultivaban y con los beneficios obtenidos por su venta o comercio.

441. **El feudalismo incluía la subfeudación, en la que un señorío podía dividirse en partes más pequeñas.** Estas partes eran propiedad de diferentes familias que pertenecían a distintos niveles de la jerarquía social. Las obligaciones entre las familias ascendían y descendían como una estructura piramidal invertida.

442. **El hijo mayor heredaba la mayoría de las tierras en virtud de las leyes de primogenitura.** Los hijos menores tenían derechos limitados, por lo que muchos se hacían sacerdotes o ingresaban en una orden religiosa o en el ejército.

443. **Las mujeres también tenían derechos limitados, pero podían poseer propiedades, administrar hogares** y heredar títulos de sus padres si no tenían hermanos. Sin embargo, estos casos eran muy raros y cuando las mujeres heredaban propiedades seguían dependiendo de los hombres para atender el llamado al servicio militar.

444. **Dado que la mayor parte del poder económico y político se concentraba en manos de un reducido número de señores,** el sistema feudal fomentaba la construcción de centros provinciales en torno a las viviendas de los señores, alrededor de los cuales surgían pequeñas ciudades y tierras de cultivo.

445. **La Iglesia desempeñaba un papel importante en la sociedad feudal, ya que contaba con su propio conjunto de leyes, independientes de las que regían los asuntos seculares.** Las disputas entre nobles solían resolverse más rápidamente si se llevaban ante un obispo u otro funcionario religioso.

446. **Teóricamente, el feudalismo se basaba en la obligación mutua entre los señores y sus vasallos,** teniendo cada uno ciertos derechos y responsabilidades que mantener a cambio de la lealtad y protección del otro.

447. **Sin embargo,** los poderosos señores a menudo no se preocupaban por los derechos de los campesinos y abusaban de ellos.

448. **Durante este periodo se celebraban ceremonias de nombramiento de caballeros para honrar a los vasallos que mostraban una lealtad y valentía excepcionales en la batalla.** Su señor les entregaba una espada especial, un escudo y espuelas como símbolos de su lealtad.

449. Los caballeros debían respetar un código de caballería. Gozaban de ciertos privilegios, como poder entrar en las cortes nobles y ocupar altos cargos en los ejércitos.

450. Durante la Edad Media, se celebraban regularmente torneos en toda Europa. Estos eventos mostraban las habilidades de combate de un caballero a la vez que proporcionaban entretenimiento y juego, por lo que fueron muy populares entre la nobleza, la realeza y los plebeyos.

451. El feudalismo se basaba en los derechos hereditarios, por lo que la tierra pasaba de un familiar a otro. Si alguien moría sin heredero, sus tierras podían ser reclamadas por otros nobles o campesinos, dependiendo de su poder.

452. Los reyes estaban en la cúspide del sistema feudal y poseían la mayor cantidad de tierras, lo que los convertía en las figuras más poderosas e importantes del reino.

453. Durante el apogeo de la Alta Edad Media, los señores feudales eran la clase más poderosa de toda Europa, ya que los reyes necesitaban su apoyo para ganar legitimidad y, por tanto, reforzaban indirectamente su poder.

454. Con el tiempo, las poblaciones disgustadas de toda Europa se dieron cuenta de que los reyes tenían un poder prácticamente ilimitado y protestaron para obtener más derechos, poniendo en jaque el poder del soberano.

455. En Inglaterra, la Carta Magna (1215) limitó el poder del rey al establecer ciertos derechos para los barones y los hombres libres, al tiempo que hacía más justos los impuestos. Se considera uno de los documentos más importantes de la historia feudal, ya que comenzó a limitar el poder monárquico.

456. Hacia el final del feudalismo, empezó a surgir la clase media, compuesta por personas que no eran ni campesinos ni nobles; vivían en ciudades y a menudo tenían sus propios negocios privados u otras profesiones lucrativas.

457. El declive gradual del feudalismo coincide con el aumento de los niveles de urbanización en Europa.

458. La clase media, que inicialmente estaba compuesta en su mayoría por comerciantes, acumuló mucho poder en numerosas sociedades europeas, ascendiendo a la cúspide de la jerarquía.

459. Esto fue más evidente en lugares del norte de Italia, como Génova y Venecia, donde los señores feudales fueron sustituidos por una clase de ricos oligarcas mercaderes en la década de 1200.

460. Francia fue uno de los primeros lugares donde se abolió legalmente el feudalismo. Fue en 1789, durante la Revolución francesa.

El Sacro Imperio Romano Germánico
(del 800/962 al 1806)

El Sacro Imperio Romano Germánico fue uno de los estados medievales más influyentes. Descubra sus inicios y cómo fue capaz de obtener tanto poder con estos fascinantes datos.

461. Algunos estudiosos creen que **el Sacro Imperio Romano Germánico se estableció cuando el papa León III coronó a Carlomagno como emperador de los romanos, el día de Navidad** del año 800, ya que este acto simbolizaba el renacimiento del título imperial romano en Europa occidental.

462. Otros sostienen que **el Sacro Imperio Romano Germánico no surgió realmente como entidad política soberana hasta 150 años más tarde, durante el reinado de Otón I.**

463. **El gobierno de Otón I del Sacro Imperio Romano Germánico** (962-973) marcó una fase significativa en la historia del imperio, ya que restauró el concepto de una monarquía cesntralizada fuerte y desarrolló estrechos lazos con la Iglesia.

464. **Durante el reinado de Otón I, el Sacro Imperio Romano Germánico comenzó a organizarse a grandes rasgos de una forma que persistió durante siglos**, principalmente en las actuales Alemania y Austria.

465. **La batalla de Lechfeld** (955), **en la que Otón I derrotó a los magiares,** consolidó su poder y frenó las incursiones magiares en el imperio.

466. **La dinastía otona, que siguió al reinado de Otón I**, promovió un renacimiento cultural conocido como **el Renacimiento Otoniano**. Este renacimiento se caracterizó por el mecenazgo artístico, la producción de manuscritos y logros arquitectónicos.

467. **El Renacimiento Otoniano fue una época de estabilidad y fortaleza para el Sacro Imperio Romano Germánico,** durante la cual se realizaron importantes esfuerzos para difundir el cristianismo en las tierras paganas de la actual Alemania oriental.

468. A pesar de ello, **el Sacro Imperio Romano Germánico pronto se convirtió en el estado más desorganizado y descentralizado de Europa,** compuesto por cientos de pequeñas formaciones políticas que solo estaban vagamente conectadas entre sí y ejercían niveles relativamente altos de autonomía.

469. **Esta desintegración llegó gradualmente y fue el resultado de una rápida expansión territorial hacia el este, así como de múltiples guerras con los estados italianos y francos.** Debido a estas guerras, se produjeron constantes cambios en el poder.

470. Aun así, **el estatus del emperador del Sacro Imperio Romano Germánico fue muy respetado en Europa durante la Alta Edad Media** debido a sus estrechas conexiones con el papado y a los lazos históricos desde la época de Carlomagno.

471. **Los emperadores del Sacro Imperio Romano Germánico empezaron a considerarse sucesores del Imperio romano de occidente**, algo que distaba mucho de la realidad.

472. **La búsqueda de dominio y poder desembocó en la controversia de las investiduras** (1075-1122), una lucha entre los emperadores **del Sacro Imperio Romano Germánico** y el papado por el nombramiento de obispos y funcionarios eclesiásticos. Este conflicto puso de manifiesto las tensiones entre la autoridad secular y la religiosa.

473. **El viaje del emperador Enrique IV a Canossa en el 1077, donde permaneció descalzo en la nieve para buscar el perdón del papa Gregorio VII,** simbolizó la compleja relación entre emperadores y papas.

474. **El Concordato de Worms resolvió la controversia de las investiduras en 1122** concediendo a los gobernantes seculares el derecho a investir a los obispos con autoridad temporal mientras que la Iglesia los investía con autoridad espiritual.

475. **De 1138 a 1252, el imperio fue gobernado por la dinastía Hohenstaufen,** que incluyó emperadores como Federico Barbarroja y Federico II, que intentaron expandir su influencia por la península itálica, lo que provocó más conflictos con el papado.

476. **Durante este tiempo, los gobernantes Hohenstaufen participaron regularmente en las Cruzadas para ampliar su posición en el mundo cristiano,** aunque la mayoría de sus esfuerzos no dieron resultados reales.

477. La implicación de Federico II en los asuntos italianos lo llevó a controlar el Reino de Sicilia y a reafirmar su autoridad imperial, tanto en el norte como en el sur de Italia.

478. **La derrota de los herederos de Federico II por los Estados Pontificios y otras fuerzas italianas** condujo a la decadencia de la dinastía Hohenstaufen y a la fragmentación del poder imperial.

479. **La etapa que siguió a la muerte de Federico II** (1254-1273) fue un periodo de caos político caracterizado por la falta de una autoridad central fuerte.

480. **Durante el interregno, la estructura política del imperio estuvo fuertemente descentralizada,** dando lugar a muchas pequeñas provincias, baronías, ducados y ciudades independientes que perseguían una autonomía política.

481. **La Bula de Oro de 1356, promulgada por el emperador Carlos IV, estableció el sistema electoral para elegir al emperador del Sacro Imperio Romano Germánico,** consolidando el papel de siete electores que representaban a los distintos territorios del imperio.

482. **El *Reichstag*, asamblea legislativa, desempeñó un papel clave en la toma de decisiones dentro del imperio,** permitiendo a los diferentes territorios debatir asuntos de interés común.

483. **Aunque el emperador era técnicamente elegido,** no todos los territorios del imperio tenían derecho a voto.

484. **El *Reichstag* solo estaba formado por las provincias y ducados más importantes,** gobernados por familias poderosas, **como por ejemplo Bohemia y Austria.**

485. **Surgían rivalidades dinásticas entre las familias nobles,** que se disputaban el control de los territorios e intentaban hacerse con el trono imperial.

486. **Muchas ciudades del imperio obtuvieron la independencia y la inmediatez imperial,** un mandato oficial que las colocaba bajo la autoridad directa del emperador y de nadie más, lo que les permitía gobernarse a sí mismas con mayor eficacia.

487. **Durante este periodo, comenzó a surgir la Liga Hanseática, que desempeñó un importante papel económico dentro del imperio.**

488. **A pesar de los retos políticos del imperio, sus territorios experimentaron prosperidad económica,** con rutas comerciales que conectaban varias regiones y contribuían al intercambio cultural. El Sacro Imperio Romano Germánico fue uno de los imperios más prósperos de Europa.

489. **La Casa de Luxemburgo, que controlaba el Ducado de Luxemburgo y también Bohemia, Moravia** y otros territorios orientales, aportó varios emperadores, entre ellos Carlos IV.

490. **En 1440, el trono del emperador fue ocupado ininterrumpidamente por la Casa de Habsburgo hasta la disolución del Sacro Imperio Romano Germánico** por parte de Napoleón en el siglo XIX.

491. **Los Habsburgo procedían del Ducado de Austria y se convirtieron en la dinastía gobernante más poderosa de Europa,** probablemente en toda la historia.

492. **Aumentaron su estatus y poder a través de una intrincada red de alianzas y matrimonios en la Baja Edad Media,** que llevó a los miembros de la familia Habsburgo a convertirse en poderosas figuras políticas en reinos de toda Europa.

493. **Un gran ejemplo de ello fue Carlos V, que ascendió al trono del Sacro Imperio Romano Germánico en 1519.** También heredó el trono de España y el señorío de los Países Bajos a través de su Ducado de Borgoña.

494. **Los dominios de Carlos V también incluían tierras en el norte de Italia y el Reino de Nápoles,** así como territorios de ultramar obtenidos durante la conquista española de las Américas.

495. **La Dieta de Worms de 1495 sentó las bases de una amplia reforma política y legislativa del Sacro Imperio Romano Germánico**, ya que introdujo un impuesto para todo el imperio y creó el Tribunal de la Cámara Imperial, la más alta institución judicial del imperio.

496. **Durante el Renacimiento, el Sacro Imperio Romano Germánico se enfrentó al reto de gestionar la diversidad religiosa debido a la presencia de católicos, luteranos** y otros grupos, lo que provocó conflictos y negociaciones.

497. **La Paz de Augsburgo de 1555 reconoció el principio de *cuius regio, eius religio,*** que permitía a los gobernantes locales elegir entre el luteranismo y el catolicismo como religión oficial de sus territorios.

498. **La Reforma provocó aún más fragmentación y la aparición de distintas identidades regionales dentro de las fronteras del imperio**, lo que dificultó aún más el gobierno del Sacro Imperio Romano Germánico.

499. **La guerra de los Treinta Años, que se libró principalmente dentro de los territorios del imperio,** devastó gran parte de Europa central y tuvo consecuencias políticas y religiosas duraderas, entre ellas el debilitamiento del imperio, que empezó a perder su poder político en los siglos venideros.

500. **En conjunto, el Sacro Imperio Romano Germánico fue una entidad política muy compleja y poderosa de la Europa medieval**, que logró existir durante unos mil años e influyó en la configuración social, económica, cultural y política del continente durante su existencia y después de su caída.

El Gran Cisma
(1054)

El Gran Cisma de 1054 marcó una ruptura decisiva en la historia cristiana, dividiendo la Iglesia en dos ramas: el catolicismo romano y la ortodoxia oriental. Veamos qué condujo al cisma y cómo afectó a Europa.

501. **El Gran Cisma también se denomina Cisma de Oriente-Occidente o simplemente Cisma de 1054.**

502. **El Gran Cisma rompió los lazos entre el cristianismo oriental y occidental,** dando lugar a dos ramas del cristianismo: la Iglesia católica romana (occidental) y la Iglesia ortodoxa oriental (oriental).

503. **Esta fisura en la religión cristiana sigue existiendo en la actualidad**, aunque no es tan hostil como antaño.

504. **Antes del Gran Cisma, las cinco santas sedes del cristianismo (Roma, Constantinopla, Antioquía, Alejandría y Jerusalén) tenían sus propios jefes o patriarcas.**

505. **Estas sedes eran iguales entre sí y superiores a las demás,** por lo que acumularon gran poder e influencia.

506. **Tras la pérdida de Alejandría, Jerusalén y Antioquía a manos de los musulmanes, Roma y Constantinopla** se convirtieron en rivales entre sí.

507. **La rivalidad entre Roma y Constantinopla se debió a un antiguo desacuerdo sobre la autoridad papal,** la doctrina y las prácticas, así como a diferencias lingüísticas y culturales entre Occidente, dominado por los latinos, y el Oriente griego.

508. **Las diferencias entre Roma y Constantinopla aumentarían a lo largo de los siglos. En el siglo XI,** estas cuestiones alcanzarían formalmente un nuevo nivel.

509. **La Iglesia de Roma se veía a sí misma como la sucesora natural del Imperio romano de occidente tras su caída en el 476.** Debido a la influencia de la institución, la inestabilidad en Europa tras las invasiones bárbaras, el vacío de poder que existía y la falta de comunicación con Constantinopla, **la Iglesia romana** adquirió mucho poder, especialmente tras coronar a Carlomagno como nuevo emperador en el año 800.

510. **Una diferencia importante entre Roma y Constantinopla era la cuestión de la primacía papal, es decir, si el obispo de Roma** (el papa) tenía o no el poder supremo y universal sobre la Iglesia cristiana.

511. **También había cuestiones teológicas, como la cuestión del filioque** (si el Espíritu Santo procede o no tanto de Dios Padre como de Jesús).

512. **En el 1053, el conflicto se aceleró cuando el patriarca Miguel Cerulario I de Constantinopla** criticó las prácticas latinas de utilizar pan ácimo durante la Eucaristía y obligó a las iglesias latinas de Constantinopla a celebrar la misa en griego.

513. Como respuesta, en 1054, **el papa León IX envió a Constantinopla a tres cardenales portadores de una bula papal que excomulgaba a Miguel Cerulario I y a sus seguidores,** que se negaban a comulgar con Roma.

514. Esta medida fue considerada una provocación por la Iglesia de oriente, **por lo que el patriarca Miguel Cerulario I de Constantinopla excomulgó a León IX y a sus seguidores.**

515. **Europa occidental quedó oficialmente bajo la influencia directa del obispo de Roma** (el papa), mientras que Europa oriental y otras tierras **del Imperio bizantino** quedaron bajo la influencia del patriarca de Constantinopla.

516. **La Iglesia ortodoxa oriental sigue creyendo que el papa de Roma no tiene más autoridad que cualquier otro obispo de la cristiandad.** La Iglesia católica romana, en cambio, afirma que el papa tiene «primacía suprema y plena sobre la Iglesia universal».

517. **Durante la época del Gran Cisma, el cristianismo ortodoxo** tenía más seguidores, aunque la diferencia era pequeña.

518. **La ruptura dio lugar a que ambas partes crearan liturgias y prácticas distintas,** incluyendo diferentes formas de bautismo y orden sagrado.

519. Surgieron tensiones políticas entre los dos bandos, que pudieron verse durante las Cruzadas, cuando los católicos saquearon Constantinopla en 1244.

520. Aunque la mayoría de los cristianos desconocían las diferencias exactas entre las iglesias, con el paso del tiempo fue creciendo un sentimiento de desconfianza mutua.

521. Esta división tuvo importantes repercusiones en el arte y la arquitectura, ya que cada bando desarrolló un estilo propio a lo largo de la historia, como los frescos y los vitrales de la cristiandad occidental.

522. En la actualidad, **muchas iglesias orientales afirman que el Patriarcado Ecuménico de Constantinopla**, una de las quince iglesias autocéfalas (autónomas) que componen la Iglesia ortodoxa oriental, es el sucesor del Patriarcado Supremo de Constantinopla.

523. **Dado que Constantinopla (actual Estambul) tiene una especial importancia cultural e histórica,** la sede que allí se encuentra se considera la «primera entre iguales» de todas las **iglesias ortodoxas**. Su patriarca es considerado el líder y representante de la **ortodoxia oriental**.

524. **Ha habido múltiples intentos de reconciliación a lo largo de la historia por parte de varios papas y patriarcas,** pero ninguno ha tenido éxito hasta ahora debido a desacuerdos teológicos profundamente arraigados en temas como la supremacía papal y la infalibilidad.

525. **El papa Pablo VI se reunió con el patriarca Atenágoras I en 1965 durante el Concilio Vaticano II,** donde ambos acordaron levantar las excomuniones mutuas e hicieron un llamado a la unidad entre los cristianos.

La conquista normanda de Inglaterra
(1066)

La conquista normanda cambió radicalmente el modo de vida de la población inglesa y de otros países. A continuación, conocerá cómo se produjo la conquista normanda y cómo afectó al país.

526. **La era anglosajona de control inglés llegó a su fin en el 1066 con la invasión de Guillermo el Conquistador, duque de Normandía**.

527. **El Ducado de Normandía había sido creado en el 911, cuando el rey Carlos III de Francia occidental permitió a un grupo de vikingos**, bajo el mando del caudillo Rollo, establecerse en el norte de la actual Francia, en la costa del canal de la Mancha.

528. **El Tratado de Saint-Clair-sur-Epte, firmado en el 911**, estableció oficialmente a Rollo como duque a cambio de su lealtad al rey francés y la promesa de que defendería las tierras francesas de otras incursiones vikingas.

529. **Lo que siguió fueron décadas de adaptación. Rollo y su pueblo adoptaron las costumbres francesas y se convirtieron al cristianismo**, constituyéndose finalmente como uno de los ducados más poderosos de Francia.

530. **De hecho, el nombre de Normandía deriva de una combinación de antiguas palabras germánicas que significan «norte» y «hombre».** Muchos europeos se referían a todos los vikingos como normandos (aunque el término significa esencialmente los descendientes de Rollo de Normandía).

531. **En 1042, Eduardo el Confesor, descendiente de Athelstan, sucedió en el trono de Inglaterra al hijo de Cnut el Grande, Harthacnut,** restaurando el control de la Casa de Wessex.

532. **Consiguió hacerse con el trono con el apoyo de los normandos. Era hijo de Emma de Normandía,** casada con el rey Aethelred y luego con el rey Cnut. Aethelred había sido derrocado por el rey Cnut en el año 1016.

533. **Eduardo vivió toda su vida en Normandía y contó con el apoyo de los nobles locales.** Una vez que recuperó el trono de Inglaterra, les pagó generosamente nombrándolos en puestos de poder.

534. **Cuando Eduardo el Confesor murió, en 1066,** no dejó herederos claros para sucederlo en el trono de Inglaterra.

535. **El pariente masculino más cercano que tenía era Harold Godwinson, conde de Wessex,** que era el noble inglés más poderoso de una dinastía establecida.

536. **Harold fue elegido rey tras la muerte de Eduardo por el Witan,** el consejo asesor del rey.

537. **La legitimidad de Harold fue inmediatamente cuestionada por dos poderosas figuras** que creían tener derecho al trono de Inglaterra.

538. **El primer aspirante al trono era Guillermo, duque de Normandía,** primo hermano de Eduardo el Confesor.

539. **Guillermo afirmaba que Eduardo lo había nombrado personalmente su sucesor en secreto.** Se propuso tomar el trono por la fuerza y contó con el apoyo de la nobleza normanda de Inglaterra y Normandía.

540. **El otro pretendiente era el rey de Noruega, Harald Hardrada, que reclamaba el trono a través de su padre,** Magnus el Bueno, que había planeado restaurar el dominio vikingo en Inglaterra tras la muerte de Harthacnut en el 1042.

541. **Estas complejas circunstancias llevaron a que tres poderosas figuras reclamaran el trono de Inglaterra,** dando lugar a uno de los acontecimientos más emocionantes e impactantes de la Edad Media.

542. **El primero en atacar fue Harald Hardrada,** que desembarcó en el norte de Inglaterra con trescientos barcos. Dirigía un ejército de unos quince mil hombres.

543. **Harald Hardrada contó con la ayuda del conde Tostig Godwinson, hermano del rey Harold,** que ambicionaba destronar a su hermano.

544. **El 20 de septiembre de 1066, la fuerza noruega derrotó a la resistencia inglesa en la batalla de Fulford y tomó la ciudad de York,** que se rindió sin oponer resistencia.

545. **Pocos días después, el rey Harold se enfrentó a los noruegos triunfantes cerca de Stamford Bridge.** Los ingleses salieron victoriosos en esta batalla decisiva, donde murieron tanto el rey Harald Hardrada como Tostig.

546. **La victoria fue muy costosa. Según la leyenda, un danés solitario retuvo a la totalidad del ejército inglés en el puente,** impidiéndoles cruzar y permitiendo al sorprendido ejército noruego organizarse.

547. **Los vikingos supervivientes se vieron obligados a aceptar una tregua con los ingleses y abandonaron la isla, pero el rey Harold tuvo poco tiempo para celebrar su victoria,** ya que Guillermo de Normandía había comenzado su ofensiva en el sur.

548. **Guillermo de Normandía reunió una fuerza bastante grande, aunque el número exacto es discutido por diversas fuentes contemporáneas.** Se habla de 750 barcos.

549. **El ejército, que contenía contingentes de diferentes provincias francesas, se había reunido en agosto,** pero tuvo que esperar a que soplaran vientos favorables para cruzar el canal de la Mancha.

550. **Los normandos desembarcaron en Sussex justo cuando el rey Harold derrotó a los noruegos en Stamford Bridge.**

551. **Los normandos erigieron una fortaleza de madera en Hastings,** que utilizaron como campamento base para asaltar la campiña vecina.

552. **El rey Harold se vio obligado a correr hacia el sur después de su costosa victoria en Stamford Bridge.** Probablemente contaba con unos ocho mil hombres, ninguno de los cuales tuvo la oportunidad de descansar.

553. **Los dos bandos se enfrentaron en Hastings el 14 de octubre** de 1066. Tras una larga batalla, los normandos salieron victoriosos, doblegando al enemigo con su caballería y matando al rey inglés.

554. A partir de entonces, **los normandos tuvieron relativamente más fácil la conquista de Inglaterra**. Fueron capaces de sofocar la resistencia de los señores locales en diciembre de 1066.

555. **El día de Navidad de 1066, Guillermo, que llegó a ser conocido como Guillermo el Conquistador,** fue coronado rey en la abadía de Westminster en Londres. Su coronación sentó un precedente para los monarcas ingleses posteriores.

556. **A pesar de su coronación, Guillermo tuvo que luchar para consolidar su posición como rey durante los cinco años siguientes.** Tuvo que hacer frente a rebeliones locales y incursiones vikingas.

557. **Guillermo el Conquistador reorganizó gradualmente el sistema administrativo, nombrando a normandos leales en puestos de poder**.

558. **Guillermo dirigió la corte en francés normando**, lo que afectó en gran medida a la evolución de la lengua inglesa.

559. **Durante el reinado de Guillermo se creó el *Libro de Domesday***, una encuesta que permitió conocer la distribución de la tierra y la riqueza para llevar a cabo una amplia reforma fiscal.

560. **La conquista normanda de Inglaterra sigue siendo uno de los acontecimientos más impactantes de la Edad Media**, ya que transformó por completo la composición sociopolítica y cultural de Inglaterra e instauró una nueva dinastía.

Francia medieval
(siglo X al XIV)

Tras hablar de la conquista normanda, se repasa lo que ocurría en la región de Francia durante esta época. La Francia medieval es fascinante en sí misma y estos treinta datos interesantes muestran por qué.

561. **Las conquistas de Carlomagno sentaron las bases para el establecimiento de estructuras políticas** y estados cohesionados en Europa occidental.

562. **Tras la desintegración del Imperio carolingio con el Tratado de Verdún**, las tierras de Francia occidental terminaron convirtiéndose en el Reino de Francia.

563. **La construcción del Estado francés duró varios siglos** y fue uno de los procesos políticos más singulares de la Europa medieval.

564. **El sistema político de Francia occidental y del posterior Reino de Francia estaba muy descentralizado**. La autoridad del rey se derivaba en gran medida del apoyo que recibía de los duques y nobles locales.

565. **Un ejemplo destacado de ello era el Ducado de Normandía, una región cultural y étnicamente diferente**, que gozaba de un amplio grado de autonomía al tiempo que era leal al rey francés.

566. **En este sistema político, la sede del rey francés era la populosa y próspera región de Île-de-France**, que albergaba la capital del Estado francés, París.

567. **Cuando el último rey carolingio, Luis V, murió sin herederos aparentes en el 987**, la nobleza francesa eligió como sucesor a Hugo, de la Casa de Capeto.

568. **Hugo Capeto, sobrino de Otón el Grande de Francia oriental** (más tarde emperador del Sacro Imperio Romano Germánico) y descendiente de Carlomagno a través de su hijo Pipino de Italia, estableció la dinastía de los Capetos. **Esta dinastía gobernó Francia hasta 1328**.

569. **El reinado de los Capetos marcó el apogeo del sistema político descentralizado.** Los vasallos del rey actuaban de forma independiente y se unían para apoyar al rey en tiempos de necesidad.

570. **Este sistema aceleró el crecimiento y la influencia del sistema feudal en Francia.** El feudalismo fue el principal sistema de organización social en Francia durante el período más largo de las naciones europeas occidentales.

571. **Los reyes Capetos lucharon repetidamente contra sus poderosos vasallos,** que a veces se unían para exigir más derechos a sus señores.

572. Por ejemplo, **el rey Luis VI, que gobernó de 1108 a 1137, se vio constantemente envuelto en conflictos internos con los líderes locales,** conocidos como los «barones ladrones», que desafiaban la autoridad del rey y contaban con grandes ejércitos personales.

573. **Más tarde, los reyes Capetos tuvieron que hacer frente a otro problema que supuso una amenaza para su autoridad:** el auge del Imperio angevino durante los siglos XII y XIII.

574. **El Imperio angevino es el nombre que se dio a las posesiones de la Casa de Plantagenet bajo el dominio del rey inglés Enrique II**, quien, a través de complejas disputas sucesorias, fue también duque de Normandía, conde de Anjou y duque de Aquitania.

575. **Esto significaba que un monarca extranjero era prácticamente igual en estatus al rey francés.** El rey inglés controlaba una parte sustancial de los feudos franceses que estaban bajo el vasallaje del rey francés. Esto creó complicaciones que desembocaron en una guerra entre el rey capeto y el angevino.

576. **La rivalidad entre angevinos y capetianos duró cerca de un siglo, hasta que en 1259 los capetianos salieron victoriosos tras una larga lucha.** Con el Tratado de París, recuperaron la posesión de la mayor parte de las tierras angevinas.

577. **El rey francés Felipe II, el mismo que se embarcó en la tercera Cruzada**, desempeñó un papel importante en la victoria francesa sobre los angevinos durante su reinado, entre el 1180 y el 1223.

578. **Felipe II llevó a sus ejércitos a victorias militares e introdujo una amplia gama de reformas administrativas y fiscales**. Incluso construyó una muralla alrededor de París.

579. **Por sus esfuerzos, un cronista francés contemporáneo le dio el nombre de «Augusto»**, denotando los logros del rey e igualándolo en estatus a los emperadores romanos.

580. Muchos historiadores sostienen que los acontecimientos de este conflicto a gran escala fueron precursores de la conocida guerra de los **Cien Años entre Francia e Inglaterra**, que comenzó en 1337.

581. **La Casa de Capeto también fortaleció la monarquía central**, algo que condujo al dominio económico y militar de Francia en los siglos venideros.

582. **Felipe IV (1285-1314) continuó reformando Francia, sobre todo estableciendo el Parlamento de París**, un tribunal de apelación que sirvió como base judicial para el establecimiento de un sistema de tribunales en las diferentes provincias de Francia.

583. **Felipe IV también confiscó las posesiones de los templarios y los arrestó**, algo que enriqueció enormemente a la corona.

584. **Durante el reinado de Felipe IV se instauró el papado de Aviñón**. Los papas de Aviñón estuvieron bajo la influencia francesa durante unos setenta años.

585. **En el siglo XIV, la Casa de los Capetos fue sustituida por la Casa de Valois, lo que dio lugar a la guerra de los Cien Años**. Este gran conflicto contribuyó a crear un sentimiento de identidad más definido tanto en Francia como en Inglaterra.

Las Cruzadas
(del 1095 a 1291)

A partir de 1095, las potencias europeas lanzaron una serie de campañas militares conocidas como las Cruzadas. Cada campaña tenía un objetivo diferente, pero todas estaban diseñadas para promover **la cristiandad y detener la expansión de los paganos.** Este capítulo explora los acontecimientos que tuvieron lugar durante las Cruzadas, como algunas de las principales batallas que se libraron y la eficacia que tuvieron.

586. **Las Cruzadas fueron iniciadas por facciones cristianas europeas.** Las Cruzadas que tuvieron lugar entre 1095 y 1291 buscaban recuperar los lugares santos en el Levante, ocupado por los musulmanes.

587. **El papa Urbano II inició la primera Cruzada con un discurso en Clermont-Ferrand el 27 de noviembre del 1095, en el que llamaba a los caballeros cristianos** a tomar las armas y marchar hacia el este para recuperar Jerusalén del dominio musulmán.

588. **Los ejércitos de la primera Cruzada estaban formados en su mayoría por nobles franceses, pero también incluían contingentes de Alemania, Italia, Inglaterra y España**. Algunos campesinos se unieron a esta cruzada por fervor religioso o desesperación económica.

589. **La primera Cruzada terminó con éxito**, recuperando Jerusalén y una franja de tierra a lo largo de la costa oriental del Mediterráneo en 1099.

590. **Los cruzados organizaron cuatro estados cruzados católicos en Tierra Santa: el Reino de Jerusalén, el Principado de Antioquía, el Condado de Edesa y el Condado de Trípoli.** Los líderes de las Cruzadas se convirtieron en gobernantes de los estados cruzados, estableciendo gobiernos hereditarios.

591. **Las potencias europeas lanzaron la segunda Cruzada en 1145. Fue dirigida por el rey Luis VII de Francia** contra los musulmanes situados alrededor de Damasco tras la caída del Condado de Edesa.

592. **El otro líder significativo de esta cruzada fue el emperador del Sacro Imperio Romano Germánico, Conrado III**. Los líderes de los estados cruzados también aportaron fuerzas para la segunda Cruzada.

593. **La segunda Cruzada fue un completo fracaso. Muchos murieron a causa del hambre, las enfermedades o las batallas**. No se lograron los objetivos trazados y además se tensaron las relaciones entre las potencias europeas, que no se pusieron de acuerdo durante la campaña.

594. **La tercera Cruzada se lanzó en respuesta a la reconquista musulmana de Jerusalén, en 1187**. El califato fatimí, bajo las órdenes de Saladino, había conseguido alzarse con el poder y presionar a los cruzados en Levante.

595. **Los tres líderes de la tercera Cruzada fueron Ricardo Corazón de León de Inglaterra, Felipe II de Francia** y Federico Barbarroja del Sacro Imperio Romano Germánico.

596. **Los cruzados se enfrentaron a muchos problemas, incluso antes de llegar a Tierra Santa**. Por ejemplo, el **emperador Federico Barbarroja** se ahogó en un río de Anatolia, lo que obligó a muchos de sus soldados a abandonar la empresa.

597. **La tercera Cruzada logró una tregua de tres años entre las fuerzas cristianas y musulmanas,** lo que permitió a los cristianos visitar Jerusalén sin temor a ser atacados. Sin embargo, los cruzados no recuperaron muchas tierras controladas por Saladino, que siguió gobernando la mayor parte de la actual Palestina.

598. **El papa Inocencio III quería que la cuarta Cruzada se dirigiera directamente a Jerusalén, pero en lugar de eso, terminó con el saqueo de Constantinopla** (la capital del Imperio romano de oriente) en 1204.

599. **Los cruzados terminaron en una situación muy compleja tras abandonar sus hogares camino a la Tierra Santa**. No tenían suficiente dinero para pagar a los venecianos por utilizar sus barcos, por lo que estaban a su suerte.

600. La cuarta Cruzada sigue siendo uno de los acontecimientos más vergonzosos de la historia de la cristiandad, ya que las fuerzas católicas mataron a unos dos mil civiles en Constantinopla.

601. El saqueo de Constantinopla debilitó considerablemente el Imperio bizantino y terminó acelerando su caída en 1453 a manos de los turcos otomanos.

602. La quinta Cruzada fue dirigida por los reyes Andrés II de Hungría y Leopoldo VI de Austria contra las fuerzas musulmanas al mando del sultán al-Kamil, sobrino de Saladino.

603. Otros líderes que participaron fueron Juan de Brienne, un caballero francés que había sido rey de Jerusalén; Oliver de Paderborn, un clérigo devoto que dirigió a los refuerzos flamencos y holandeses que llegaron más tarde en la campaña; y el emperador del Sacro Imperio Romano Germánico, Federico II, que en realidad no participó en la campaña a pesar de su promesa.

604. La quinta Cruzada fue muy desorganizada. Después de algunas acciones iniciales en el Levante, no se logró mucho. El rey Andrés regresó a casa.

605. Los cruzados lograron capturar la ciudad portuaria egipcia de Damieta, manteniéndola durante dos años, pero subestimaron a las fuerzas musulmanas, que los expulsaron de la ciudad en 1221.

606. Tras el fracaso de la quinta Cruzada, **se firmó una tregua de ocho años entre los musulmanes y lo que quedaba de los cruzados en Tierra Santa.**

607. En 1227 se lanza la sexta Cruzada, dirigida por Federico II del Sacro Imperio Romano Germánico, que tuvo éxito en la recuperación de Jerusalén.

608. El emperador Federico II se reunió con el sultán ayubí al-Kamil y negoció la cesión pacífica de Jerusalén y de algunos de sus territorios circundantes.

609. Federico II se coronó rey de Jerusalén antes de embarcar de regreso al Sacro Imperio Romano Germánico. Nunca volvió a pisar Tierra Santa.

610. **La séptima Cruzada fue lanzada por el papa Inocencio IV en 1248 y dirigida por el rey Luis IX de Francia contra las fuerzas musulmanas al mando del sultán al-Malik Muhammad** en respuesta a la pérdida de Jerusalén en 1244.

611. **La séptima Cruzada fracasó, ya que Luis IX fue capturado y posteriormente liberado tras pagar un cuantioso rescate**. Esto fue visto como una humillación para las fuerzas cruzadas europeas, que no pudieron lograr sus objetivos a pesar de tener cierto éxito inicial.

612. **La séptima Cruzada fue el último intento europeo de recuperar Tierra Santa de los musulmanes mediante campañas militares.** Finalmente, los europeos se dieron cuenta de que las Cruzadas eran muy caras y difíciles de mantener, además de que no dieron los resultados esperados.

613. **El rey Luis IX lanzó la octava Cruzada** en 1270, esta vez contra la dinastía musulmana Hafsid en Túnez.

614. **No ganó ninguna tierra para los cristianos, a pesar de que empezó bien**. Muchos creen que esto se debe a que los ejércitos cruzados estaban debilitados por las enfermedades y el hambre, lo que reducía sus posibilidades de victoria.

615. **Otras Cruzadas incluyeron campañas lanzadas contra los musulmanes en Iberia y los paganos en Europa oriental.**

Órdenes militares católicas

Al analizar la Edad Media, es importante echar un vistazo a las numerosas órdenes católicas que ejercieron poderosas influencias, especialmente durante las Cruzadas. A continuación, se presentan algunos datos sobre las órdenes católicas más influyentes y las reglas que debían seguir.

616. **Las órdenes militares eran sociedades cristianas de caballeros** que comenzaron a establecerse durante la época de las Cruzadas.

617. **Las órdenes militares más destacadas fueron los Caballeros Templarios, los Caballeros Hospitalarios,** los Caballeros Teutónicos y los Caballeros de Santiago.

618. **Estas organizaciones tenían como objetivo defender a las poblaciones cristianas y a los peregrinos y luchar contra los musulmanes y paganos.**

619. **Más adelante, se convirtieron en entidades poderosas y autosuficientes que adquirieron un inmenso poder político** y dominaron varios estados durante la Edad Media.

620. **Las primeras órdenes militares que surgieron fueron los Caballeros Templarios y los Caballeros Hospitalarios, en el siglo XII.**

621. **Ambas organizaciones surgieron en la región de Levante tras el éxito de la primera Cruzada y el establecimiento de los estados cruzados.**

622. **Los Caballeros Templarios fue una orden fundada en 1118 por un pequeño grupo de caballeros dirigidos por el francés Hugues de Payens.**

623. **Los caballeros se comprometieron a defender a los peregrinos cristianos, que encontraban problemas en su camino a Tierra Santa** a causa de los asaltantes musulmanes.

624. **A los templarios se les concedió un cuartel general en el templo del Monte, en la capturada mezquita de Al-Aqsa,** desde donde operaron antes de la caída de Jerusalén.

625. **Los Caballeros Hospitalarios inicialmente formaban parte de un hospital destinado a tratar a los cristianos de Jerusalén.**

626. **Los nuevos reyes latinos de Jerusalén concedieron derechos y posesiones a los Caballeros Hospitalarios**, que siguieron gestionando sus hospicios en **Tierra Santa** mientras aportaban fuerzas para luchar contra los musulmanes.

627. **Estas órdenes militares se regían por unas directrices muy estrictas. Seguían un conjunto concreto de normas y tradiciones**, como el celibato, rezar a determinadas horas del día, celebrar cenas comunes, participar en diferentes rituales y entrenarse.

628. **Tenían una jerarquía bien definida y eran dirigidos por un gran maestre**. Había diferentes rangos, cada uno con sus propias responsabilidades.

629. **Las órdenes militares católicas solo aceptaban hombres, que debían someterse a un riguroso entrenamiento para comprobar si cumplían con los requisitos.** Tras servir en puestos inferiores de las órdenes (como escuderos), se convertían en caballeros.

630. **Los templarios y los hospitalarios fueron famosos en Levante y más tarde en toda Europa por su destreza militar**. A menudo constituían pequeñas fuerzas de élite en los ejércitos cruzados.

631. **A diferencia de otros soldados de la época, siempre estaban bien equipados y tenían una gran disciplina y moral**, lo que permitía a los cruzados confiar en su fuerza.

632. **Con el tiempo, los servicios de los caballeros fueron apreciados por los diferentes gobernantes de Tierra Santa.** Las órdenes recibieron tierras para organizar sus cuarteles, así como castillos estratégicos para defender la Tierra Santa de los musulmanes.

633. **Las órdenes militares obtuvieron el reconocimiento del papado**, que reconoció su devoción y les concedió privilegios especiales, convirtiéndolas esencialmente en entidades independientes que no tenían que operar dentro de los límites de los reinos en los que se encontraban.

634. **Con el paso del tiempo, las órdenes militares acumularon mucha riqueza y poder.** Miles de nobles les donaron riquezas, armas y objetos de valor. Incluso se unieron voluntariamente a las órdenes en busca de gloria y con la creencia de que estaban haciendo lo correcto.

635. **Las órdenes militares poseían numerosas fortalezas en Levante, como Acre, Krak de Chevaliers, Tortosa, Beaufort y Bagras.** También tenían fortificaciones por toda Europa, especialmente en Francia, Inglaterra e Iberia.

636. **Con el tiempo, empezaron a surgir nuevas órdenes militares, como los Caballeros de Santiago en España,** que ayudaron a los cristianos en la Reconquista, y la Orden Teutónica, fundada por cruzados alemanes en el Levante y luego trasladada al Báltico.

637. **Posteriormente, con la disminución del poder de los estados cruzados,** las órdenes cristianas empezaron a perder sus posesiones en Levante y tuvieron que trasladarse tras la caída de Acre, en 1291.

638. **Los templarios se trasladaron a Francia, donde operaron durante alrededor de treinta años antes de ser acusados de cargos muy graves,** como herejía, blasfemia y corrupción. Los templarios fueron arrestados en 1307.

639. **El último gran maestre de la Orden Templaria, Jacques de Molay, así como cientos de otros hermanos en toda Francia, fueron arrestados.** Algunos fueron juzgados e incluso ejecutados. Sus bienes y propiedades fueron confiscados por la Corona francesa.

640. **Los templarios fueron acusados de participar en actividades heréticas, como escupir en la cruz durante sus reuniones,** mantener relaciones carnales con otros miembros, negar a Cristo y adorar a diferentes ídolos satánicos.

641. **No está claro si los templarios eran o no culpables de los cargos presentados contra ellos,** pero fueron arrestados en varios países y obligados a abandonar sus actividades.

642. **En cuanto a los hospitalarios, primero se trasladaron a Chipre, luego a Rodas y más tarde a Malta tras la caída de Acre.** Continuaron llevando a cabo operaciones militares, ayudando a las facciones cristianas a luchar contra los musulmanes.

643. **A diferencia de los templarios, nunca fueron acusados de crímenes, pero perdieron importancia con el paso del tiempo. Los hospitalarios** acabaron abandonando sus actividades militares, pero continuaron con su labor civil.

644. **Los teutones se trasladaron y obtuvieron tierras en la costa Báltica. Desde el siglo XIII hasta principios del XV,** controlaron una vasta extensión de tierra y tuvieron su propio estado, luchando con los católicos contra los paganos antes de declinar tras enfrentarse a la inmensa presión de Polonia-Lituania, el Sacro Imperio Romano Germánico y Rusia.

645. **Los templarios, los hospitalarios, los teutones y otras órdenes militares católicas formaron parte fundamental de la historia militar medieval.** Algunas de estas órdenes, sobre todo los templarios, siguen rodeadas de cierto misterio.

Arquitectura gótica
(siglo XII al XVI)

Todos han visto imágenes de arquitectura gótica, aunque algunos no se hayan dado cuenta. Una de las más famosas es la **catedral de Notre-Dame**, en Francia. ¿Sabía que se construyó durante la Edad Media?

646. **La arquitectura gótica es un estilo arquitectónico muy popular en Europa durante la Alta y la Baja Edad Media.**

647. **La arquitectura gótica surgió en Francia durante el siglo XII** y se extendió por toda Europa en el siglo XVI.

648. **La arquitectura gótica fue una evolución del estilo arquitectónico románico,** que fue el más extendido en Europa tras la caída del Imperio romano.

649. **La arquitectura gótica se caracteriza por arcos apuntados**, bóvedas de crucería, arbotantes, grandes ventanales y agujas o torres con varios pisos de diferentes tamaños.

650. **El estilo se asocia estrechamente con las catedrales que se construyeron para dar cabida al creciente número de fieles que abrazaron el cristianismo como religión durante este periodo.**

651. **El término «gótico» se utilizó por primera vez durante el Renacimiento.**

652. **El término tiene su origen en los godos, las tribus germánicas que emigraron a Europa** y provocaron el declive del Imperio romano.

653. **Los escritores renacentistas utilizaban el término «gótico» de forma despectiva.** El Renacimiento promovía el estilo clásico de la arquitectura.

654. **Antes, el estilo gótico se llamaba** *Opus Francigenum* **u «Obra Francesa».**

655. **Su popularidad alcanzó su punto álgido entre 1150 y 1530 y experimentó un renacimiento entre 1740 y 1860,** durante lo que se conoce como **movimiento neogótico o gótico victoriano.**

656. **La catedral de Chartres, situada al suroeste de París**, se considera un logro ejemplar en el diseño gótico temprano por sus proporciones perfectas según los cálculos matemáticos.

657. **Fue construida entre 1194 y 1220 y se ubica en el lugar que históricamente había sido la sede del obispo de Chartres**.

658. **Notre-Dame, en París, es otro famoso ejemplo de arquitectura gótica**. Comenzó a construirse en 1163 y solo se terminó en 1260.

659. **Durante la Revolución francesa, Notre-Dame fue destruida**. Se restauró a mediados de la década de 1840. El interés por restaurar esta catedral se debió en gran parte al libro de Victor Hugo, *El jorobado de Notre-Dame*.

660. **La arquitectura gótica se utilizó en iglesias, catedrales,** monasterios, universidades y edificios civiles, como los ayuntamientos.

661. **Los arcos ojivales permitían una mayor flexibilidad en el diseño interior al permitir dividirlo en varios niveles,** con techos altos que daban más espacio a cada nivel.

662. **En esta época se introdujeron las bóvedas de crucería y los arbotantes,** que proporcionaban un soporte adicional a los muros y mejoraban drásticamente su apariencia.

663. **Los grandes ventanales llenaban los interiores de luz natural** y el arte de los vitrales se hizo popular gracias a las nuevas tecnologías de fabricación de vidrio de la época.

664. **Estas grandiosas construcciones**, que a menudo alcanzaban los cien metros de altura, **solían rematarse con chapiteles o torres.**

665. **Estas altísimas torres constituían impresionantes declaraciones visuales sobre el poder y la importancia de la religión.**

666. **También servían para fines prácticos, como ser pararrayos,** lo que evitaba que el edificio sufriera daños durante las tormentas eléctricas.

667. **La combinación de estos elementos permitió ampliar la superficie de las ventanas,** creando un ambiente más aireado en comparación con los diseños románicos anteriores.

668. **La arquitectura gótica se utilizó en muchos países de Europa** como Inglaterra, Francia, Alemania e Italia, con algunas variaciones en función de las tradiciones locales.

669. **El estilo gótico alemán se caracteriza por sus agujas o torres y la ausencia de decoraciones interiores,** como vitrales.

670. **El estilo gótico inglés a menudo presenta grandes rosetones llenos de intrincados dibujos.**

671. **Los arquitectos italianos combinaron elementos del diseño clásico para formar un nuevo estilo llamado gótico italiano.** Este estilo se caracterizaba por sus esbeltas columnas, arcos de medio punto y tejados curvos en lugar de empinados como los de otros tipos de arquitectura gótica.

672. **El uso de arcos apuntados permitía construir torres más altas,** ofreciendo mejores puntos de observación cuando la defensa era necesaria debido a facciones beligerantes entre países o dentro de ellos.

673. **Muchas grandes catedrales tardaron décadas (o incluso siglos) en terminarse.**

674. **La construcción de estos grandiosos edificios a menudo requería equipos de artesanos altamente cualificados que trabajaban juntos** durante muchos años antes de terminar un edificio.

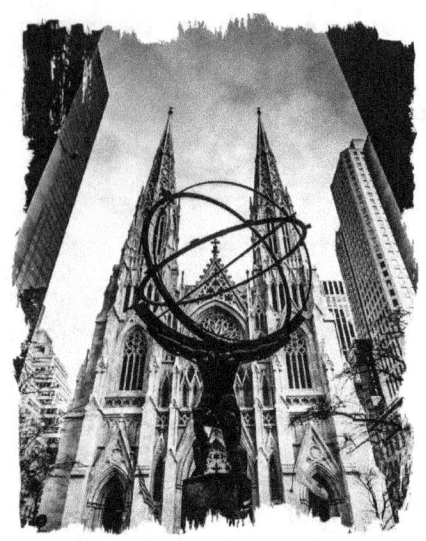

675. **Un ejemplo es la catedral de Milán**, que comenzó a construirse hacia 1386, pero no se terminó hasta el siglo XX, en 1965, cuando se añadieron los últimos detalles al exterior.

676. **La arquitectura gótica ha influido en los edificios modernos,** especialmente en los construidos con estructuras de acero en lugar de mampostería de piedra.

677. **Durante el siglo XIX, el estilo gótico volvió a ser popular debido a sus asociaciones románticas con historias de caballería**.

678. **En la Edad Media se construyeron muchos castillos con arcos apuntados y bóvedas de crucería.**

679. **Los castillos también añadían toques distintivos como fosos**, puentes levadizos y muros fortificados para una mayor protección contra los enemigos invasores.

680. **Los vitrales se utilizaban para que entrara la luz a los interiores oscuros**, permitiendo ver las escenas de historias bíblicas o vidas de santos.

681. **El arco apuntado se convirtió en un símbolo de poder para los gobernantes que encargaban estas estructuras**. A menudo se utilizaba en otras formas de arte, como pinturas y esculturas, lo que extendió su popularidad por toda Europa.

682. **La ornamentación arquitectónica era fundamental para crear atractivo visual**. Las tallas que representaban escenas bíblicas o imágenes de figuras religiosas eran muy populares entre quienes podían permitírselas.

683. **En los niveles superiores se añadían gárgolas de piedra** estéticamente agradables que proporcionaban protección adicional contra el agua de lluvia que se filtraba por debajo de las paredes, actuando como desagües.

684. **El estilo gótico tuvo una gran influencia en artes como la música**. Compositores como Bach y Haendel escribieron piezas que incluían elementos de las catedrales, como arcos apuntados, bóvedas de crucería y altas agujas. Esto confería a sus obras una grandeza impresionante.

685. **Aunque al principio la arquitectura gótica fue resistida en algunos lugares por no ajustarse a las normas tradicionales**, con el tiempo fue ampliamente aceptada en toda Europa.

El surgimiento de las universidades
(siglo XII a XV)

En este capítulo se explora la aparición de las universidades en Europa durante los siglos XII y XV. Se presentan datos apasionantes sobre su historia, desde sus primeros cimientos hasta su adaptación a lo largo de los años. Conozca la influencia de la enseñanza superior durante la Edad Media.

686. **Se fundan las primeras universidades europeas en Italia, Francia, Inglaterra, España, Portugal y Escocia.**

687. **Se cree que la universidad más antigua de Europa es la Universidad de Boloña**, inaugurada en 1088. Es la universidad más antigua que sigue funcionando.

688. **Se considera que la Universidad de Oxford se fundó alrededor de 1096.** Algunos sostienen que no era exactamente una universidad en esa época, pero algunos estudiantes recibían clases en ella a partir de ese año.

689. **Otra de las primeras universidades europeas importantes fue la Universidad de París** (La Sorbona), creada en 1160.

690. **Las universidades se crearon inicialmente para ofrecer a los eruditos un lugar para estudiar derecho**, medicina, filosofía y teología fuera de instituciones religiosas como monasterios y catedrales.

691. **Durante este periodo, hubo un gran renacimiento del aprendizaje conocido como escolasticismo, que buscaba reconciliar las creencias cristianas con las filosofías griegas clásicas,** como las enseñanzas de Aristóteles sobre la lógica y las ciencias naturales como la biología, la astronomía y las matemáticas.

692. **La mayoría de las escuelas estaban afiliadas a órdenes religiosas, como los dominicos o los franciscanos,** y la educación se impartía principalmente en latín.

693. **Las universidades medievales introdujeron un enfoque más formalizado de la enseñanza, el aprendizaje y la investigación**.

694. **En 1450, la imprenta de Gutenberg revolucionó la difusión del conocimiento**, haciendo que los libros estuvieran ampliamente disponibles a precios asequibles.

695. **Las primeras universidades europeas desempeñaron un papel esencial en la sociedad al proporcionar servicios jurídicos y médicos a la población local**.

696. Con el tiempo, **las universidades se convirtieron en lugares para debatir temas controvertidos**, como las creencias religiosas, lo que condujo a la Reforma en Europa durante este período.

697. **En general, no se permitía la admisión de mujeres en las primeras universidades;** esto fue cambiando cada vez más a partir del siglo XIX.

698. **Durante este periodo, las universidades comenzaron a ofrecer títulos y otras formas de acreditación a quienes completaban sus estudios**.

699. **Hacia 1400, la mayoría de las universidades europeas habían adoptado alguna forma de exámenes para la admisión en la educación superior**.

700. **Las primeras universidades eran en gran medida independientes del control gubernamental**, lo que les permitía una mayor libertad a la hora de decidir cómo impartían las asignaturas o qué temas se estudiaban.

701. **Numerosas personalidades acudieron a las universidades europeas medievales, como Dante Alighieri** (Florencia) y **Tomás de Aquino** (Universidad de Nápoles).

702. **Algunas universidades comenzaron a ofrecer títulos en materias no religiosas como literatura, música o arte**, lo que les permitió convertirse en centros de pensadores creativos de toda Europa.

703. **Las universidades también organizaban conferencias que reunían a eruditos de toda Europa** con diferentes perspectivas sobre filosofía, teología y ciencia.

704. **Las primeras universidades europeas desempeñaron un papel esencial en el gobierno**, ayudando a formar a la siguiente generación de líderes que guiarían a sus países en tiempos turbulentos.

705. **El auge de las universidades durante este periodo sentó las bases de la educación superior moderna y contribuyó a transformar la sociedad europea** en una sociedad cada vez más científica, intelectual y progresista.

La Inquisición
(siglo XII al XIX)

Este capítulo explora la inquietante historia de la Inquisición, una serie de tribunales dirigidos por la Iglesia católica romana que operaron en Europa, especialmente en España y Portugal. A continuación, se analizan los hechos relativos a los métodos de interrogatorio, las leyes de censura y el impacto de la Inquisición en Europa.

706. **Hubo múltiples inquisiciones en diferentes países, aunque la más famosa fue la de España**. Existieron desde el siglo XII hasta el XIX, aunque no empezaron y terminaron todas al mismo tiempo.

707. **La Iglesia católica romana dirigió tribunales en Europa para identificar cualquier herejía entre los cristianos.**

708. Esta práctica ya existía en **el mundo católico**, pero se convirtió en una institución más extendida y duradera en el siglo XIII.

709. En 1184, **el papa Lucio III envió obispos al sur de Francia** para eliminar a un grupo de herejes llamados los cátaros.

710. **El papado también luchó activamente para eliminar grupos de creyentes valdenses en Italia** y Alemania, un movimiento que se consideraba herético.

711. **El papa Gregorio IX encargó a las órdenes dominica y franciscana que persiguieran a los herejes en 1231**. Fue entonces cuando se estableció un tribunal oficial llamado Inquisición.

712. **La Inquisición se convirtió en una medida punitiva contra los acusados de brujería o herejía.**

713. **Decenas de miles de individuos fueron ejecutados por la Inquisición desde el siglo XII hasta que la Iglesia católica denunció esta práctica.**

714. **Los interrogatorios llevados a cabo durante la Inquisición incluían torturas, encarcelamientos arbitrarios sin juicio**, confesiones forzadas bajo coacción y coerción psicológica a través de técnicas como la privación del sueño y la inanición.

715. **En 1474, el papa Sixto IV admitió tribunales para España y Portugal;** esto se considera a menudo como el comienzo de la Inquisición española.

716. **Una de las inquisiciones más notorias fue la española,** que comenzó en 1478 y continuó hasta 1834.

717. **La Inquisición española era increíblemente rigurosa**. Implicaba una ceremonia pública en la que los condenados desfilaban ante el público antes de ser sentenciados a muerte en la hoguera.

718. **Durante el apogeo de la Inquisición española** (1480 a 1530), más de dos mil personas fueron ejecutadas debido a sus creencias religiosas.

719. **La población musulmana de España fue una de las más perseguidas durante la Inquisición española**, ya que eran sospechosos de herejía e incumplimiento de la doctrina eclesiástica.

720. **Los musulmanes fueron obligados a convertirse al cristianismo** o fueron expulsados de España. Miles de ellos se convirtieron bajo coacción, pero siguieron practicando su fe clandestinamente, mientras que muchos otros abandonaron el país.

721. **Los judíos también fueron perseguidos, especialmente los conversos** (aquellos que habían sido obligados a renunciar al **judaísmo y aceptar el catolicismo**, pero seguían practicando su fe en secreto). Se cree que decenas de miles de judíos huyeron de España durante esta época.

722. **En general, las inquisiciones iban dirigidas contra cualquier persona, ya fuera noble o campesina**. Cualquiera podía ser arrestado si era sospechoso de herejía, blasfemia o brujería.

723. **Hay relatos de algunos inquisidores que indican que los individuos que se negaban a confesar recibían castigos severos**, como la amputación de la lengua y otras extremidades.

724. **La Inquisición romana surgió en 1542 bajo el papa Pablo III** y duró hasta mediados del siglo XVIII.

725. **El objetivo principal de la Inquisición romana era combatir el protestantismo**, que estaba ganando terreno rápidamente en el siglo XVI.

726. En 1551, **el papa Julio III promulgó la bula *Licet ab initio*,** que concedía a los inquisidores inmunidad frente a la ley civil cuando realizaban sus investigaciones.

727. **La Inquisición fue responsable de varios cambios culturales,** como las leyes de censura que limitaron la difusión de ideas sobre religión y filosofía, lo que influyó en las opiniones de Europa sobre la ciencia y el aprendizaje.

728. **Una famosa víctima de la Inquisición española fue Miguel de Cervantes, autor del *Quijote*.**

729. **Cervantes fue detenido por sospechas sobre sus creencias religiosas**, siendo excomulgado y encarcelado.

730. **Es importante destacar que en la mayoría de los casos, a los acusados no se les permitía tener representación legal**, mientras que era muy fácil para la fiscalía probar su posición, solo necesitaban una confesión del acusado.

731. **Muchos eruditos y científicos famosos, entre ellos Galileo Galilei,** se encontraron en el punto de mira durante este periodo.

732. **Galileo fue interrogado varias veces por su apoyo a las teorías de Copérnico sobre el heliocentrismo.**

733. **Galileo fue juzgado en 1633 y declarado culpable de herejía**, pero en lugar de la pena capital, fue obligado a arresto domiciliario durante el resto de su vida y sus obras fueron censuradas.

734. **La Inquisición popularizó el uso de la violencia contra cualquier persona considerada hereje.** Se desconoce cuántas personas murieron a manos de quienes tenían inmunidad de la Iglesia católica romana.

735. **Este uso de la violencia se hizo evidente durante el infame periodo de la caza de brujas.** Muchos individuos fueron procesados ilegalmente ya que se creía que estaban implicados en brujería.

736. **Aquellos que se enfrentaban a la sentencia de un tribunal inquisitorial no tenían acceso a un abogado** ni se les permitía presentar testigos a su favor.

737. **Entre 1478 y 1834, entre sesenta mil y cien mil personas perdieron la vida a manos de las diversas inquisiciones en toda Europa.** Sin embargo, los registros de este periodo están incompletos, por lo que la cifra exacta sigue siendo desconocida.

738. **La Inquisición sigue siendo una de las partes más trágicas y vergonzosas de la historia de la Iglesia católica.**

739. **En algunos lugares, la Inquisición llegó a simbolizar el inmenso poder e influencia de la Iglesia**, y también llegó a asociarse con la maldad y la coacción.

740. En 1808, **Napoleón abolió todos los tribunales inquisitoriales en España durante su ocupación. Fernando VII restableció la Inquisición durante un breve periodo**. Finalmente, terminó durante **el reinado de Isabel II**, el 15 de julio de 1834.

Carta Magna
(1215)

Explore la fascinante historia de la Carta Magna y descubra cómo sus principios constituyen una piedra angular en las **democracias constitucionales modernas** de todo el mundo. Conozca qué llevó a forjar este documento y averigüe si fue tan eficaz como la historia dice.

741. **La Carta Magna es el primer documento de la historia europea que limita el poder del monarca.**

742. **Originalmente, el documento fue redactado por el arzobispo de Canterbury, Stephen Langton,** en un esfuerzo por lograr la paz entre los barones ingleses y el rey Juan I.

743. **El rey Juan de Inglaterra,** que era muy impopular debido al trato que daba a la nobleza del país, firmó **la Carta Magna** el 15 de junio de 1215.

744. **El nombre latino *Carta Magna* se traduce como «Gran Carta».**

745. **Además de limitar el poder real, también garantizaba ciertas libertades a los ciudadanos ingleses,** por lo que era un documento muy importante para la gente corriente.

746. **Inicialmente, se escribió en latín, porque era la lengua de la élite culta y eclesiástica.**

747. **Aunque las disposiciones originales de la Carta Magna han sido modificadas a lo largo del tiempo, muchas de ellas siguen formando parte de la legislación británica actual,** incluido el *habeas corpus*, que protege a los ciudadanos contra la detención ilegal sin juicio ni acusación.

748. **El rey Juan firmó este documento bajo coacción después de que sus barones hubieran capturado Londres,** lo que le impedía ejercer el poder hasta aceptar sus condiciones.

749. **La carta fue reeditada tres veces en 1216, 1217 y 1225,** con pequeños cambios en cada versión.

750. **Eduardo I emitió versiones posteriores en 1297 como parte de sus reformas de la ley inglesa**, que se conocieron como *Confirmatio Cartarum*, o Confirmación de Cartas.

751. **Se cree que solo se conservan cuatro copias originales.** Dos de ellas en la Biblioteca Británica, una en la catedral de Salisbury y otra en el castillo de Lincoln.

752. **Una copia de 1297 reside actualmente en los Archivos Nacionales de los Estados Unidos**; es una de las cuatro copias originales sobrevivientes del documento que se emitieron tras la muerte del rey Juan.

753. **La Carta Magna incluía 63 cláusulas que abordaban diferentes cuestiones**, como la tributación real, las obligaciones feudales y los derechos de los barones.

754. **Establece que ningún hombre libre puede ser arrestado o encarcelado, excepto por el juicio legal de sus pares (otros nobles) o de acuerdo con una ley establecida por el rey**.

755. **También estipula que la justicia no puede ser vendida, retrasada** o denegada, y que las viudas no pueden ser obligadas a casarse de nuevo contra su voluntad.

756. **La carta fue muy criticada por algunas personas de la época**, principalmente debido a la protección de los barones frente a los plebeyos.

757. **La Carta Magna original no fue tan influyente como muchos piensan.** Fue anulada por el papa Inocencio III en 1215, el mismo año en que fue promulgada.

758. **La Carta Magna es uno de los tres documentos constitutivos más importantes de la Inglaterra medieval**, junto a la Carta de Libertades (1100) y la Carta del Bosque (1217). Estos documentos desempeñaron un papel importante en la resolución de disputas legales en las que estaba implicado el rey de Inglaterra de la época.

759. **A medida que se avanzaba hacia la igualdad y los derechos humanos en Europa**, la Carta Magna empezó a ser considerada la «constitución» de Inglaterra.

760. **La Carta Magna se ha convertido en un icono de la democracia, la libertad, los derechos humanos** y el Estado de derecho a lo largo de la historia. Sus principios se han incorporado a muchas otras constituciones de todo el mundo, como las de Japón, Canadá, India y Nueva Zelanda, entre otras.

761. **La Carta ha sido ampliamente utilizada en la retórica política a lo largo de la historia para justificar diversas causas,** como la abolición de la esclavitud en la América en el siglo XIX o el derecho a la autodeterminación de los pueblos durante la lucha de la India contra el colonialismo británico.

762. **La Carta Magna ha servido de inspiración a muchas otras cartas**, como la Declaración de Derechos francesa de 1789, la Declaración de Derechos de EE. UU. de 1791, la Constitución de Brasil de 1824 y la Carta de la Libertad de Sudáfrica de 1955.

763. **Lord Denning, jurista inglés que se convirtió en consejero del rey en 1938, declaró que la Carta Magna era «el mayor documento constitucional de todos los tiempos,** el fundamento de la libertad del individuo frente a la autoridad arbitraria del déspota».

764. **La celebración del 800 aniversario tuvo lugar en 2015. La reina Isabel II emitió una declaración en la que reafirmaba su compromiso con la defensa de sus valores fundamentales**.

765. Considerada como uno de los documentos más importantes de la historia, **la Carta Magna está inscrita en el Registro de la Memoria del Mundo de la UNESCO**.

Invasiones y conquistas mongolas
(siglo XIII al XIV)

Las invasiones mongolas fueron un periodo importante de la historia. Durante este periodo, los mongoles conquistaron la mayor parte de Eurasia, cambiando la vida de quienes vivían allí. A continuación, se presentan datos sobre **importantes líderes mongoles** y cómo formaron uno de los mayores imperios de la historia.

766. **El Imperio mongol surgió tras la unificación de varias tribus nómadas en la actual Mongolia.**

767. **En 1206, un consejo declaró a Gengis Khan como líder supremo de los mongoles**, iniciando la era de la expansión mongola.

768. **Las invasiones mongolas duraron al menos cien años** e influyeron enormemente en el estado político, social, cultural y económico de Eurasia.

769. **Las campañas, que comenzaron bajo el mando de Gengis Khan**, dieron lugar al mayor imperio contiguo de la historia mundial.

770. **En su apogeo, se extendía desde el este de China hasta Polonia.**

771. **Durante las invasiones, millones de personas fueron asesinadas o esclavizadas por los mongoles.**

772. **Los mongoles eran conocidos por sus habilidades como jinetes, lo que les ayudó enormemente a la hora de conquistar vastas tierras con rapidez.** Sus habilidades a caballo también les permitían lanzar ataques sorpresa contra los enemigos gracias a su movilidad en el campo de batalla.

773. **Eran guerreros implacables y tenían un sentido muy fuerte de lealtad hacia sus líderes**, los generales militares más fuertes y hábiles.

774. **Durante las invasiones, los ejércitos mongoles estaban compuestos principalmente por nómadas de Mongolia**, pero también incluían soldados de Asia central e incluso europeos que desertaban o se unían a ellos voluntariamente.

775. **Los mongoles eran conocidos por su brutalidad en la batalla;** a menudo quemaban ciudades y aldeas enteras y masacraban a sus habitantes para desmoralizar a sus opositores.

776. **Las invasiones mongolas provocaron el colapso de muchos imperios, como el Imperio khwarezmian y la Rus de Kiev**; también debilitaron significativamente a otros estados, como **el Imperio bizantino** y **el califato abasí**.

777. **El Imperio mongol se dividió en cuatro partes tras la muerte de Mongke Khan** (nieto de Gengis Khan) en 1294: el Ilkanato, la Horda de Oro, el kanato de Chagatai y la dinastía Yuan.

778. **Los mongoles invadieron China por primera vez a principios del siglo XIII. Derrotaron a la dinastía china Jin en la batalla de Yehuling** en 1211, lo que les permitió penetrar en el noroeste de China y someter finalmente a la dinastía Jin.

779. **La invasión mongola de China duró unos setenta años antes de que Kublai Khan lograra derrocar** al emperador chino e instaurar una nueva dinastía, la dinastía Yuan, en la década de 1270.

780. **Las derrotas más devastadoras de los mongoles sucedieron durante sus invasiones a Japón**, en 1274 y 1281.

781. **Los mongoles conquistaron la Rusia medieval, convirtiéndose en los nuevos gobernantes del pueblo ruso** durante los siglos siguientes.

782. **Los mongoles debilitaron significativamente a muchos imperios musulmanes en Medio Oriente** al **derrotar al sultanato ayubí** y tomar la ciudad de Bagdad del último **califa abasí** en 1258.

783. **El asedio de Bagdad fue una de las victorias mongolas más importantes.** Saquearon la ciudad sin piedad y pusieron fin a la dinastía abasí.

784. **Otra victoria decisiva se logró en la actual Turquía contra el sultanato de Rum, en Kose Dag, en 1243**. Esta victoria marcó el inicio del declive del dominio turco selyúcida en Anatolia.

785. **Los mamelucos egipcios pusieron fin a las invasiones mongolas en el mundo islámico**, derrotando a los asiáticos en el siglo XIII y firmando un tratado de paz en Alepo.

786. **La conquista mongola provocó una devastación total en muchos lugares,** pero el dominio de este pueblo también dio paso a un periodo de intercambio económico y cultural.

787. **Los mongoles fueron responsables de la mejora de las rutas comerciales entre Asia oriental y Europa occidental** a través de ciudades de Asia como Bujará, Samarcanda, Herat y Merv, que controlaban.

788. **Bajo el dominio mongol, algunas zonas experimentaron un período de paz, como la actual Kazajstán,** donde las tribus nómadas disfrutaron de una relativa estabilidad debido a la falta de resistencia de los gobernantes locales.

789. **Los mongoles eran conocidos por tolerar diferentes religiones y culturas en los territorios que conquistaban**, permitiendo que cada uno practicara su fe sin discriminación ni persecución.

790. **Los mongoles cobraban impuestos a los pueblos conquistados para afirmar su dominio político sobre ellos**.

791. **Durante las conquistas mongolas de Medio Oriente y Levante,** los mongoles fueron expuestos al islam. Algunos de ellos se convirtieron voluntariamente.

792. **Los mongoles tenían un sistema de comunicación muy eficaz llamado *yam,*** que les permitía enviar mensajes a través de grandes distancias en poco tiempo, con jinetes a caballo que utilizaban estaciones de relevo.

793. **Las invasiones fueron responsables de la propagación de enfermedades por toda Eurasia,** como la peste bubónica, durante sus campañas en la década de 1340.

794. **Gengis Khan es considerado uno de los líderes más grandes e influyentes de la historia**.

795. **Durante estas invasiones, muchas ciudades de Eurasia experimentaron una afluencia de población debido a los refugiados** que buscaban ponerse a salvo de la destrucción causada por los ejércitos invasores.

796. **En las invasiones mongolas también se incrementó el uso de la pólvora en armas** como los cañones, que les ayudaron enormemente a la hora de atacar ciudades fortificadas o castillos.

797. **A veces, los mongoles destruían libros y manuscritos de las bibliotecas.** Hacían esto para mostrar dominio y evitar la propagación de ideas rebeldes.

798. **La cultura mongola fue muy influenciada por los pueblos conquistados durante las campañas**, dando origen a una identidad mongola única.

799. **Una figura famosa asociada a la época mongola es Marco Polo,** de quien se dice que viajó por gran parte de Asia mientras servía en la corte de Kublai Khan en lo que hoy se conoce como la actual Pekín, China.

800. En general, **las invasiones mongolas tuvieron muchas implicaciones en toda Eurasia e influyeron en las tácticas militares** y el intercambio cultural entre las distintas naciones durante siglos.

El auge del Imperio otomano
(siglo XIII al XV)

Para entender cómo los otomanos se hicieron tan fuertes y tomaron Constantinopla en 1456, es necesario echar un vistazo al surgimiento del Imperio otomano. Estos treinta datos explican cómo se gobernó este imperio y cuáles fueron las figuras influyentes que le ayudaron a hacerse con el poder.

801. **El Imperio otomano fue un imperio turco que en su apogeo controló gran parte de Anatolia, Asia occidental,** los Balcanes y el norte de África.

802. **El imperio tuvo sus orígenes en Anatolia a finales del siglo XIII** y alcanzó su máximo poder en el siglo XVI.

803. **El nombre «otomano» procede de Osman,** fundador de la dinastía otomana en Anatolia.

804. **Osman fue el líder de uno de los beylicatos turcos (pequeños estados políticos musulmanes)** que aparecieron en Anatolia tras el declive del **sultanato de Rum** en el siglo XIII.

805. **Estos beylicatos se concentraban en distintas provincias de Asia Menor,** pero compartían la misma cultura y composición socioeconómica. Sin embargo, eran políticamente inestables y, por tanto, inferiores a los estados vecinos de la región.

806. **Los beylicatos de Anatolia mantenían complejas relaciones entre sí y luchaban por el dominio de la región, aunque todos eran seguidores del islam.**

807. **Aunque no se sabe mucho sobre Osman, se conoce que era el líder de un beylicato situado en el noroccidente de Asia menor**, en la histórica provincia bizantina de Bitinia.

808. **Durante su gobierno, a finales del siglo XIII, Osman aumentó lentamente su control en la zona, venciendo la resistencia del Imperio bizantino**, que ya había entrado en su periodo de decadencia, y de los beylicatos vecinos.

809. **El punto de inflexión crucial llegó en 1326, cuando los otomanos,** bajo el liderazgo del hijo de Osman, Orhan, arrebataron a los bizantinos la ciudad de Bursa, en Anatolia, e hicieron de esta ciudad su capital.

810. **En esa época, las posesiones bizantinas se concentraban en un área alrededor de Constantinopla,** por lo que los otomanos continuaron librando su guerra contra ellos y otras naciones de los Balcanes, como los búlgaros y los serbios.

811. **Los guerreros otomanos se consideraban a sí mismos los *gazi*,** guerreros que luchaban en nombre de Mahoma, para difundir el islam entre los pueblos no musulmanes.

812. **Los otomanos tenían un objetivo claro**, difundir su religión. **La materialización de este objetivo era la conquista de la preciada ciudad de Constantinopla,** que no solo era uno de los lugares más ricos del mundo en ese momento, sino también un importante centro del cristianismo.

813. **A lo largo de la primera mitad del siglo XIV, los otomanos salieron victoriosos de la mayoría de sus campañas en Occidente, capturando la ciudad griega de Tesalónica** que pertenecía a la República de Venecia, en 1387, y derrotando a los serbios en la batalla de Kosovo, en 1389.

814. **Estas victorias consolidaron aún más las posesiones otomanas en los Balcanes,** lo que provocó la respuesta de otras naciones cristianas europeas. Estas naciones decidieron formar una coalición y enfrentarse a los otomanos unos años más tarde.

815. En septiembre de 1396, **las fuerzas otomanas libraron una batalla decisiva contra un ejército europeo unido** formado por contingentes de Hungría, Croacia, Francia, Bulgaria, Génova, Venecia y el Imperio bizantino. El ejército aliado estaba encabezado por el **rey Segismundo de Hungría y Croacia.**

816. **Estas naciones creían que la expansión musulmana en Europa oriental iba en contra de sus intereses colectivos** y reunieron alrededor de veinte mil soldados para enfrentarse a los otomanos en Nicópolis. A veces se hace referencia a este enfrentamiento como la última cruzada de la Edad Media.

817. A pesar de los esfuerzos de los cruzados, las fuerzas otomanas, bajo el mando del sultán Bayezid I, lograron derrotarlos decisivamente en Nicópolis, estableciendo la presencia otomana de forma permanente en la región.

818. Los otomanos se detuvieron temporalmente a principios del siglo XV, cuando Anatolia fue invadida y saqueada por los timúridas bajo el mando de Tamerlán. **Los otomanos fueron derrotados en la batalla de Ankara,** en 1402, y el sultán Bayezid fue capturado.

819. A esta derrota siguió una década de inestabilidad en el Estado otomano. Los otomanos perdieron sus territorios recién ganados en los Balcanes y sufrieron una guerra civil, que finalmente terminó con la aparición de **Mehmed I como nuevo sultán**.

820. Tras recuperar el control, **los otomanos dirigieron su atención a la capital bizantina, y el sultán Mehmed II sitió Constantinopla en 1453 con un ejército de unos 100.000 hombres**.

821. **Para entonces, el Imperio bizantino se había reducido esencialmente a la ciudad de Constantinopla**. Aunque la ciudad estaba bien fortificada, solo contaba con unos diez mil hombres para defenderla.

822. **Los otomanos lograron romper las defensas bizantinas** tras cincuenta y tres días de asedio, durante los cuales mantuvieron un bloqueo naval y terrestre total de la ciudad y bombardearon sus murallas con artillería.

823. **El asedio de Constantinopla fue una de las primeras batallas importantes en las que los otomanos** demostraron el poder devastador de la pólvora, que aún era una relativa novedad en aquella época.

824. **La caída de Constantinopla, en mayo de 1453, marcó el fin del Imperio bizantino** y es también una de las fechas que se considera como el final de **la Baja Edad Media**.

825. **Mehmed II, conocido como Mehmed el Conquistador**, fue bastante tolerante con **la población** ortodoxa de la ciudad y mantuvo la autonomía de **la Iglesia cristiana**.

826. **Mehmed II fue uno de los sultanes más exitosos del Imperio otomano**, ya que introdujo reformas militares y sociopolíticas que fortalecieron el Estado.

827. **Tras la conquista de Constantinopla, Mehmed rebautizó la ciudad con el nombre de Estambul.**

828. **El sultán Mehmed II ordenó la construcción del famoso palacio de Topkapi**, un magnífico complejo que albergó el centro de la administración otomana durante muchos siglos.

829. **El Imperio otomano continuó su expansión en las décadas siguientes, alcanzando el apogeo de su dominio bajo el reinado del sultán Solimán el Magnífico, en el siglo XVI.**

830. **La sociedad otomana, al igual que otras sociedades musulmanas de la Edad Media,** estaba organizada de acuerdo con la ley islámica o Sharía, que llegaba a todos los aspectos de la vida cotidiana.

La Liga Hanseática
(siglo XIII al XVII)

Este capítulo explora la fascinante historia de la Liga Hanseática y su contribución a la cultura, la economía y la política de Europa. A continuación, se presentan algunos datos interesantes sobre por qué se creó y quiénes formaron parte de ella.

831. **La Liga Hanseática fue una alianza económica y defensiva de gremios mercantiles, ciudades y aliados en el norte de Europa**

832. **Entre sus miembros había ciudades situadas en las principales rutas comerciales del norte de Europa**, como **Brujas** (Bélgica), **Hamburgo** (Alemania), **Visby** (Suecia) y **Gdansk** (Polonia).

833. **Los barcos hanseáticos navegaban entre estos puertos transportando grano, aceite de arenque, productos pesqueros** como caviar o bacalao salado, madera para la construcción naval, telas de lino y muchos otros bienes.

834. **En su apogeo, contaba con unas 170 ciudades miembros repartidas por siete países,** desde Estonia hasta los Países Bajos.

835. **La Liga no se basaba en un complejo conjunto de cartas multinacionales como las organizaciones internacionales actuales.** En su lugar, todos sus miembros confiaban en las relaciones informales de los demás para fomentar el comercio y el desarrollo.

836. *Hanse* **es una palabra alemana que significa «banda» o «grupo». Durante la Edad Media, su significado cambió para referirse a una sociedad de mercaderes.**

837. **La Liga Hanseática fue un ejemplo temprano de acuerdo de libre comercio,** en el que los miembros protegían mutuamente sus intereses en los mercados extranjeros.

838. **Desempeñó un papel importante en el desarrollo de las finanzas internacionales y prestó servicios bancarios a sus ciudades miembros.**

839. **A medida que la Liga se extendía por Europa, ganaba influencia política** y se convertía en una de las organizaciones más influyentes de la época medieval.

840. **La ciudad de Lübeck, aunque relativamente pequeña en la actualidad**, era un punto central de **la Liga Hanseática** debido a su conveniente ubicación.

841. **Para acelerar su estatus como centro comercial,** Lübeck concedió privilegios especiales **a los comerciantes escandinavos y rusos.**

842. **Lübeck también obtuvo favores especiales del papado y el mundo católico,** ya que fue el principal puerto utilizado por **los cruzados durante las Cruzadas del Norte**, dirigidas contra las poblaciones paganas del Báltico y Escandinavia.

843. En 1226, **Lübeck se convierte en ciudad imperial libre por un fuero que le concedió el emperador del Sacro Imperio Romano Germánico, Federico II**.

844. **Como ciudad imperial libre, Lübeck gozaba de privilegios especiales**, como un mayor grado de autonomía política y un lugar en la dieta imperial del Sacro Imperio Romano Germánico.

845. **Hamburgo, Bremen, Wismar y muchas otras ciudades también recibieron estos beneficios a medida que la importancia de la Liga Hanseática aumentaba.**

846. **Durante un tiempo, estas ciudades incluso compartieron una moneda común (el *Hohlplenning*), acuñada originalmente en Lübeck** y adoptada posteriormente por Hamburgo y Wismar para facilitar las transacciones.

847. **La Liga Hanseática comenzó a declinar a finales del siglo XVI debido a factores externos**, como la creciente competencia de los comerciantes holandeses e ingleses.

848. **Los comerciantes empezaron a utilizar cada vez más las rutas del océano Atlántico en lugar de las del mar Báltico,** preferidas por muchos miembros de la Hansa.

849. **En el siglo XVII, Suecia conquistó gran parte del territorio anteriormente controlado por Dinamarca-Noruega**, obligando a varias ciudades de la Hansa a pasar a formar parte del Imperio sueco.

850. **La Liga Hanseática nunca se disolvió formalmente**, pero perdió todo su poder real hacia 1669.

851. **La Liga Hanseática fue uno de los primeros ejemplos de organización y cooperación regional,** allanando el camino para las instituciones modernas de la Unión Europea, como el Consejo de Europa o la Eurozona.

852. **Todos los miembros estaban vinculados por un marco jurídico que les permitía actuar conjuntamente en cuestiones específicas,** lo que la convirtió en una de las primeras organizaciones conocidas con características federales.

853. **Algunas de las actividades comerciales que tenían lugar en las ciudades portuarias hace siglos dejaron tras de sí edificios asombrosos.** Estos almacenes, llamados *kontors,* todavía pueden verse hoy en día y son populares atracciones turísticas.

854. **Además de su importancia económica, la Liga Hanseática también tuvo influencia cultural.** Fue responsable de la difusión de la lengua y la cultura alemana en los países nórdicos.

855. **La Liga Hanseática desempeñó un papel esencial en la promoción de la educación, la ciencia y la literatura** entre sus miembros mediante el apoyo a universidades y bibliotecas.

856. **Formar parte de la Liga permitía a los mercaderes evitar el pago de impuestos que otros debían abonar.**

857. **Los mercaderes hanseáticos no tenían que seguir las mismas regulaciones comerciales** que otros mercaderes. Tampoco tenían las mismas restricciones para viajar.

858. **Se atribuye a la Hansa la estandarización de los pesos y la medición de los tipos de cambio de la moneda,** lo que permitió un comercio más eficiente.

859. **Existía una extensa red de alianzas entre las ciudades miembros y las no miembros,** lo que les permitía coordinar acciones cuando eran amenazadas por potencias extranjeras.

860. **A pesar de todos los obstáculos que encontró durante su larga historia, la Liga Hanseática fue una de las organizaciones medievales de mayor éxito,** dejando una huella indeleble en la cultura y la política económica de Europa.

Polonia y Hungría en la Edad Media

En este capítulo se revisan datos concernientes a algunas regiones de las que no se suele hablar cuando se habla de la Edad Media. Estos treinta datos despertarán su interés por conocer mejor la historia de Polonia y Hungría.

861. **En el momento del colapso del Imperio romano de occidente**, no se sabía mucho de la zona al este de Germania, en la actual Europa del Este.

862. **Sin embargo, esta región se convirtió en una de las más diversas durante la Edad Media,** con el establecimiento de muchos reinos interesantes y poderosos.

863. **Dos poderosos reinos cristianos empezaron a tomar forma en estas zonas: Polonia y Hungría**.

864. **La historia de lo que con el tiempo se convirtió en el Reino de Polonia** comenzó con el establecimiento **del estado de Polonia** bajo **el gobierno de Mieszko I**, considerado el primer gobernante de Polonia (960-992).

865. **La conversión de Mieszko I al catolicismo en el 966 marcó la cristianización de Polonia**. Su bautismo está estrechamente relacionado con la creación del Estado polaco.

866. **Aunque aún no se había producido el Gran Cisma, los misioneros de la Iglesia griega y latina viajaron a tierras no convertidas al cristianismo** para difundir su propia forma de religión.

867. **Gniezno, en el oeste de Polonia, fue la primera capital del primitivo Estado polaco**.

868. **La batalla de Cedynia en el 972 es una de las primeras batallas registradas en la historia de Polonia y resultó en una victoria sobre los alemanes,** asegurando las fronteras occidentales de Polonia.

869. **Bajo el reinado de Bolesław I el Valiente** (1025), **hijo de Mieszko, se estableció el Reino de Polonia**, con capital en Cracovia. **Bolesław** fue coronado primer rey de Polonia.

870. **Bolesław es considerado uno de los gobernantes polacos más consumados de todos los tiempos.** Durante su reinado como duque de Polonia, libró numerosas batallas con **el Sacro Imperio Romano Germánico** e incluso logró conquistar brevemente Kiev, en 1018.

871. **En los siglos XII y XIII se produjo un periodo de fragmentación** en el que Polonia se dividió en múltiples ducados y principados más pequeños.

872. **Las invasiones mongolas del siglo XIII provocaron la destrucción de muchas ciudades y asentamientos polacos.** Los polacos fueron derrotados por los mongoles en la batalla de Legnica, en 1241, pero los asiáticos tuvieron que retirarse para hacer frente a una disputa sucesoria.

873. **Bolesław V el Casto** (1243-1279) **restableció la unidad polaca** y centralizó el poder durante el siglo XIII.

874. **Por la misma época, los Caballeros Teutónicos se establecieron en Prusia y Pomerania.** A menudo entraron en conflicto con Polonia.

875. **Con el tiempo, los Caballeros Teutónicos aumentaron sus posesiones, convirtiéndose en uno de los más firmes defensores del cristianismo** en la región y participando en los importantes acontecimientos políticos de la región del Báltico.

876. **Polonia era una sociedad feudal, pero su organización social dependía en gran medida de la nobleza.** Con el tiempo, los nobles empezaron a ganar más poder, lo que llevó al establecimiento de la llamada **«Libertad Dorada».**

877. **La Libertad Dorada era un sistema de la Polonia de la Baja Edad Media que concedía a todos los nobles,** a pesar de su posición social real, riqueza o etnia, multitud de derechos y privilegios legales, a la vez que les otorgaba el control de la legislatura del estado.

878. En 1333, **el rey Casimiro III el Grande promulgó el Estatuto de Kalisz,** que concedía derechos y protecciones a la población judía de Polonia, convirtiendo a Polonia en uno de los países más tolerantes con los judíos de la Europa medieval.

879. **En 1386, el Reino de Polonia y el Gran Ducado de Lituania** se unieron a través del matrimonio de la **reina Jadwiga de Polonia y el gran duque Jogaila de Lituania.** Esta unión recibió el nombre de Unión de Krewo.

880. **El gran duque lituano Jogaila, que adoptó el nombre de Władysław II Jagiełło** al convertirse al cristianismo, se convirtió en rey de Polonia.

881. **A partir de ahí, los reyes de Polonia-Lituania eran elegidos por los nobles,** de forma muy similar a como se hacía en el Sacro Imperio Romano Germánico.

882. **El Reino de Hungría surgió a finales del siglo IX, cuando Árpád,** el líder de las tribus húngaras, fundó **el Principado de Hungría.**

883. **Esteban I, también conocido como San Esteban, fue coronado como primer rey cristiano de Hungría en el año 1000**. Su reinado marcó la conversión oficial de Hungría al cristianismo.

884. **La monarquía húngara adoptó el cristianismo de la Iglesia católica romana** y se convirtió en un importante reino católico en Europa central.

885. **La dinastía Árpád gobernó Hungría durante varios siglos,** estableciendo un reino estable y poderoso.

886. **La *Bula de Oro* de 1222 fue una carta real que concedió importantes derechos y privilegios a la nobleza húngara,** influyendo en el desarrollo del sistema político de Hungría.

887. **La batalla de Mohi, en 1241, fue una derrota desastrosa para Hungría**. La victoria de los mongoles provocó destrucción y agitación generalizadas.

888. **Bela IV (1235-1270) es conocido por la reconstrucción del país tras las invasiones mongolas** y por la introducción de castillos y fortificaciones de piedra.

889. **La época de dominio de estos dos reinos es un poco diferente de las fechas convencionales de la Edad Media**, ya que ambos territorios comenzaron a aumentar significativamente sus dominios a partir del siglo XVI.

890. **La situación geográfica de los reinos de Polonia y Hungría los convirtió en encrucijadas de multitud de culturas y pueblos,** dando lugar a circunstancias sociales únicas que continuaron desarrollándose después del Renacimiento.

La guerra de los Cien Años
(1337 a 1453)

La guerra de los Cien Años fue un conflicto entre Inglaterra y Francia que duró 116 años y tuvo un impacto significativo en la historia europea. A continuación, se muestra lo devastadora que fue esta batalla y por qué se libró.

891. **La guerra de los Cien Años fue un conflicto librado principalmente entre el Reino de Inglaterra y el Reino de Francia.** Duró desde 1337 hasta 1453.

892. **La guerra duró más de cien años, pero los combates no fueron constantes.** Hubo épocas en las que no hubo enfrentamientos. Según algunos historiadores, debería llamarse **la guerra de los Ocho Años.**

893. **El rey Carlos IV, de la casa francesa de los Capetos,** no tenía herederos ni hermanos y el conflicto comenzó en 1337 con su muerte, ya que el pariente masculino más cercano era su sobrino: **Eduardo III de Inglaterra.**

894. La situación se agravó cuando **Eduardo III de Inglaterra reclamó la soberanía sobre el trono francés, en 1337**, tras la solicitud de su madre Isabel (hermana de Carlos) de ser heredera a través de su padre, **Felipe IV de Francia.**

895. **Eduardo III se proclamó rey de Francia, aunque esta reivindicación nunca fue reconocida oficialmente por la nobleza francesa**, que naturalmente quería a un francés como rey. Sin embargo, provocó una considerable tensión diplomática entre **Inglaterra y Francia** sobre los derechos de sucesión.

896. Además de las reivindicaciones dinásticas, **otras causas de la guerra fueron la antigua rivalidad entre el reino inglés y el francés y las disputas territoriales.**

897. **La guerra se llevó a cabo en varios frentes, como Aquitania en el suroeste, Bretaña en el norte y Flandes en el este.**

898. La guerra fue testigo de muchas batallas libradas en castillos, incluyendo **Harfleur** (1415), **Agincourt** (1415) y **Crecy** (1346).

899. **Los ingleses tuvieron éxito al principio, ganando las batallas de Crécy y Poitiers**, pero luego perdieron terreno de forma constante en la década de 1400.

900. **En 1348, la peste bubónica cobró unos veinticinco millones de vidas en Europa.** Fue conocida como la peste negra o la gran pestilencia y afectó gravemente a ambos bandos, provocando una pausa en la lucha.

901. **En 1356, Eduardo, príncipe de Gales** (conocido como el príncipe negro) ganó la **batalla de Poitiers**, donde capturó al **rey Juan II de Francia,** que más tarde fue liberado tras la firma **del Tratado de Brétigny**.

902. En 1360, **Eduardo III firmó el Tratado de Brétigny, que ponía fin a sus pretensiones al trono, pero cedía grandes partes del oeste de Francia** (incluida Aquitania) **a Inglaterra**. Esta tregua duró nueve años, antes de que Carlos V de Francia volviera a declarar la guerra en 1369.

903. **El rey Juan II regresó a Francia, pero su hijo, Luis de Anjou**, fue enviado a Inglaterra mientras Juan conseguía el pago del rescate. Cuando Luis escapó del confinamiento, Juan II regresó a Inglaterra y evitó enfrentarse a la deshonra.

904. **La batalla de Agincourt, librada en octubre de 1415**, fue una victoria decisiva para los ingleses y una de las batallas más famosas de **la guerra de los Cien Años**. Esta batalla fue inmortalizada por **Shakespeare en su obra *Enrique V*.**

905. **Los ingleses obtuvieron importantes victorias en el mar, como las de Sluys** (1340) y **La Rochelle** (1372), pero perdieron muchos barcos a manos de corsarios franceses que operaban desde puertos como **Harfleur y Dieppe**.

906. **Las fuerzas inglesas también sitiaron ciudades importantes, como Rouen,** que resistió durante casi seis meses, antes de rendirse en 1419 debido al hambre y las enfermedades.

907. **Enrique VI se convirtió en rey de Inglaterra en 1429 y fue rey de Francia en 1431.** Su tío Carlos le disputó el trono francés.

908. **El padre de Carlos había gobernado Francia anteriormente. Carlos fue conocido como el Delfín,** hasta que fue coronado.

909. **Juana de Arco nació en el seno de una familia pobre en el pequeño pueblo de Domrémy, hacia 1412.** Afirmó tener visiones de Dios que le decían que estaba destinada a ayudar a Francia a ganar su libertad frente a los ingleses.

910. **En mayo de 1429, dirigió las fuerzas francesas contra el ejército inglés que ocupaba Orleans y obtuvo la victoria para el Delfín de Francia.**

911. **El Delfín fue coronado rey en la catedral de Reims, en julio de 1429. Así, se convirtió en el rey Carlos VII.**

912. **Juana fue capturada por los ingleses y condenada a morir en la hoguera.** Es recordada como la mujer que animó a los franceses en uno de los momentos más difíciles de la guerra.

913. **Los ingleses fueron derrotados por las fuerzas francesas de Carlos VII en la batalla de Castillón** (1453), que puso fin a **la guerra de los Cien Años.**

914. La guerra sirvió como telón de fondo para algunas de las figuras más significativas de la historia, como **Eduardo III, Enrique V, Juana de Arco, Ricardo II y John Talbot, que dejaron su huella en este periodo.**

915. **Durante la guerra de los Cien Años, los impuestos aumentaron drásticamente en Inglaterra,** imponiéndose gravámenes sobre las exportaciones de lana y otros artículos; esto causó un importante malestar entre la gente, haciendo que las consecuencias de la guerra fueran más pesadas para la población ordinaria.

916. **En 1381 estalló en Inglaterra una revuelta de campesinos,** que causó destrucción y asesinatos a gran escala. Se cree que fue causada por los altos impuestos al pueblo inglés durante la guerra.

917. **La economía de Inglaterra sufrió mucho durante la guerra de los Cien Años** debido a las batallas perdidas y al aumento de los impuestos. Mucha gente abandonó el país en busca de mejores oportunidades.

918. **La guerra de los Cien Años tuvo efectos desastrosos en Francia**. Miles de personas murieron en las batallas y muchas más por enfermedades o hambre. La peste negra tuvo un impacto desastroso en la población francesa durante la guerra.

919. **Los arqueros ingleses fueron una unidad militar clave** debido al alcance superior de sus armas sobre el de las ballestas tradicionales. Desempeñaron un papel esencial en victorias como la de Crécy.

920. Durante la guerra, aumentó el uso de mercenarios en ambos bandos, **como los piqueros suizos y los ballesteros italianos**; los nobles ricos o los mercaderes pagaban a menudo por los servicios de estos soldados e incluso emplearon a algunos en sus regimientos privados.

921. **Un avance significativo fue el uso intensivo de la artillería, que permitió a los ejércitos abrir brechas en los muros de los castillos con más facilidad.** Esto cambió drásticamente la guerra de asedio, pero también tuvo inconvenientes cuando se utilizó en batallas campales debido a los lentos tiempos de recarga.

922. **Inglaterra mantuvo el control sobre ciertas zonas de Francia conocidas, como el Pale de Calais, hasta 1558**, cuando finalmente cayó a manos de los franceses tras un largo asedio.

923. **Esta es considerada la primera guerra «moderna» debido a su larga duración,** las complejas alianzas políticas y las nuevas tecnologías utilizadas en ambos bandos, incluida la pólvora en cañones y pistolas, que todavía eran relativamente raras en aquella época.

924. **Francia salió victoriosa de la guerra, lo que condujo a un mayor sentimiento de identidad nacional francesa** y a una mayor centralización del gobierno. Inglaterra perdió sus pretensiones al trono francés y a las tierras en disputa.

925. **La guerra de los Cien Años fue un acontecimiento importante en la historia de la Europa medieval**. Dio lugar a nuevos avances en tecnología, estrategia, táctica y armamento.

La peste negra
(1347 al 1351)

La peste negra fue la pandemia más devastadora de la historia de la humanidad y cobró la vida de millones de personas en toda Eurasia. Descubra cómo la peste negra obtuvo su nombre y cómo se explicaba en la época medieval.

926. **La peste negra fue una de las pandemias más devastadoras de la historia de la humanidad** y se calcula que mató entre veinticinco y doscientos millones de personas en toda Eurasia.

927. **La peste negra fue una pandemia de peste bubónica, pero muchos estudiosos creen que la gente también sufrió de peste septicémica y neumónica.**

928. **El nombre de «peste negra» proviene de las manchas oscuras en la piel de las víctimas debido a los problemas de circulación sanguínea** causados por la enfermedad.

929. **Los síntomas incluían fiebre, dolor de cabeza, vómitos**, tos con sangre y fatiga extrema.

930. **Esta enfermedad a menudo conducía a la muerte entre tres y cinco días después de la infección.**

931. **Durante su apogeo en Europa** (1347-1351), **mató aproximadamente al 30 % de la población.**

932. **En algunas zonas, las tasas de mortalidad fueron incluso más altas, entre el 60 % y el 90 %.**

933. **Además de las personas, también perecieron a causa de esta epidemia animales como cerdos, vacas, ovejas y pollos.**

934. **La peste negra se propagó en cuatro oleadas**, comenzando en Asia central y extendiéndose a Europa a través de la Ruta de la Seda y las rutas marítimas.

935. **Llegó a las ciudades más grandes de la península italiana en 1348**, a Inglaterra en 1349 y a toda Europa en 1350.

936. **Se creía que las ratas eran uno de los principales portadores de la peste**, aunque las investigaciones sugieren que otros animales, como los jerbos, pudieron ser responsables de su propagación.

937. **La peste negra fue causada en realidad por una pulga llamada *Yersinia pestis***, que se adhería a los roedores, que luego infectaban a los humanos.

938. **Estudios recientes desvelan que las pulgas y los piojos humanos propagaron más la enfermedad que las pulgas de los roedores.**

939. **La gente de entonces tenía muchas teorías sobre las causas de la peste, incluyendo la mala calidad del aire** (la teoría del miasma), el castigo divino o incluso un cometa que chocó contra la atmósfera de la Tierra.

940. **Se probaron varios remedios, desde quemar incienso hasta llevar ajos alrededor del cuello, para prevenir la infección, pero nada funcionaba.**

941. **La gente creía que podía prevenir la infección bebiendo vinagre o cubriéndose con hierbas como la lavanda.**

942. **En algunas ciudades, como Venecia, las leyes regulaban el tratamiento de los cadáveres.** Había que enterrarlos inmediatamente en fosas comunes sin ninguna ceremonia.

943. **Para detener la propagación de la enfermedad, se cerraron las rutas comerciales entre países**, impidiendo por completo la entrada o salida de suministros, lo que provocó la escasez de alimentos y el aumento de los precios.

944. **Como consecuencia de la peste negra**, los salarios aumentaron mucho por la escasez de mano de obra para realizar los trabajos.

945. **El papa llamó a la oración en toda Europa**, pero esto hizo poco para detener la propagación de la peste.

946. **Algunas personas se alejaron de Dios**, creyendo que los había abandonado, lo que llevó a la Iglesia a perder poder.

947. Un movimiento interesante que cobró importancia durante la peste negra fue el movimiento de los flagelantes, una práctica cristiana radical que consistía en la propia humillación a través de azotes en el cuerpo con diferentes instrumentos.

948. Los flagelantes creían que la pandemia era un castigo de Dios a la humanidad y aumentaron drásticamente sus actividades, culpándose a sí mismos e incluso organizando rituales públicos.

949. Algunas ciudades como Venecia establecieron leyes de cuarentena, lo que significaba que cualquier persona que entrara o saliera debía ser separada para evitar la propagación de la infección.

950. Las zonas más urbanizadas fueron las más afectadas, sobre todo porque no existía una verdadera regulación del saneamiento.

951. En ocasiones, los soldados utilizaban a las víctimas de la peste como armas biológicas. Los ejércitos arrojaban cadáveres infectados con catapultas sobre las líneas enemigas, con la esperanza de propagar la enfermedad en sus filas.

952. Muchos de los supervivientes quedaron profundamente traumatizados. Algunos incluso desarrollaron problemas psicológicos, como paranoia y depresión.

953. Tras la propagación inicial, se produjeron otros brotes durante cuatrocientos años por toda Europa, que a veces duraban meses.

954. En algunos lugares, se culpó a los judíos de ser los causantes de la peste, lo que provocó un aumento del antisemitismo y de la violencia contra las comunidades judías.

955. Se cree que una combinación de causas naturales e intervenciones humanas pusieron fin a la peste negra, como la mejora de las prácticas sanitarias y el aumento de las medidas de salud pública.

El declive del feudalismo
(siglo XIV al XVI)

Este capítulo explora el declive del feudalismo en Europa, que comenzó en el siglo XIV y terminó en el siglo XVI. A continuación, se presentan algunos datos interesantes sobre lo que llevó a la gente a pensar en el feudalismo de una manera diferente.

956. **Una de las principales razones del declive del feudalismo fue el auge de las monarquías centralizadas,** que restaron importancia a los señores regionales.

957. **Otro factor importante que contribuyó a este declive fueron los avances tecnológicos,** como la pólvora, las ballestas y los arcos largos, que hicieron obsoleta la guerra de caballería, lo que llevó a un aumento de las fuerzas de infantería que debilitó aún más la dependencia de **la estructura feudal de los caballeros**.

958. **El comercio también cumplió un papel esencial, ya que permitió acceder a bienes que antes no estaban disponibles a nivel local**, lo que condujo a una mejora en el nivel de vida dentro de las ciudades y redujo la dependencia de las personas a su señorío.

959. **Durante este periodo, la gente comenzó a desplazarse de las zonas rurales hacia las ciudades en busca de mejores oportunidades laborales.**

960. **Los cambios en las creencias religiosas provocados por la Reforma también afectaron a la lealtad hacia los señores feudales, disminuyendo su influencia.**

961. **Las personas que pertenecían a una fe diferente a la de la mayoría de la población buscaban orientación de otras maneras**, lo que provocó que fueran menos devotos a su señor.

962. **En este periodo se produjo un aumento de la alfabetización y la educación con la llegada de la imprenta en el siglo XVI**, lo que debilitó aún más el sistema feudal, ya que había mejor acceso a nuevas ideas y a información que antes era censurada por las autoridades religiosas y gubernamentales.

963. **Se atribuye a la peste negra el mérito de acelerar el declive del feudalismo, ya que aniquiló a gran parte de la población**, provocando escasez de mano de obra y debilitando la dependencia del feudalismo de la servidumbre.

964. **La competencia de otros sistemas económicos, como el mercantilismo, hizo que el feudalismo perdiera popularidad.** El mercantilismo es una creencia económica que se centra en maximizar los beneficios del comercio en vez de depender de la producción de subsistencia.

965. **Las leyes feudales fueron sustituidas gradualmente por códigos legales,** que se consideraban más modernos que los métodos de siglos anteriores.

966. **En este periodo surgieron los estados-nación**. En lugar de regiones o reinos dispares gobernados por un monarca, una nación unificada supervisaba al pueblo.

967. **Los gremios comerciales se hicieron más poderosos e influían en la política y la economía controlando la producción y los precios,** lo que debilitó aún más la dependencia de los siervos a sus señores para obtener protección o sustento.

968. **El declive del feudalismo supuso el debilitamiento de la servidumbre.** Los campesinos gozaban de mayor libertad, puesto que ya no estaban atados por sus obligaciones hacia las familias señoriales, que anteriormente ejercían su dominio sobre ellos debido a los derechos de propiedad.

969. **El fin del feudalismo dio paso a una era en la que el dinero era el rey, a diferencia de antes,** cuando la tierra, los títulos y los rangos eran más importantes.

970. **La desaparición del feudalismo abrió las puertas a nuevas clases sociales,** como los mercaderes de clase media, que aprovecharon las oportunidades que ofrecía el colapso del feudalismo y, al mismo tiempo, evitaron los obstáculos que planteaban las altas esferas gobernantes.

La crisis de la Baja Edad Media
(siglo XIII al XIV)

No existe un final definitivo para la Edad Media, aunque la mayoría de los historiadores utilizan el año 1453 (año de la caída de Constantinopla a manos del Imperio otomano) como punto de referencia. En esta sección se analizan algunos de los principales problemas que se produjeron al final de la Edad Media.

971. **La crisis de la Edad Media fue un periodo de profunda agitación y transformación que afectó a Europa a finales del siglo XIII y principios del XIV.**

972. **Esta crisis abarcó una serie de factores interconectados,** incluyendo desafíos sociales y medioambientales como la superpoblación, el cambio climático y los cambios en las prácticas agrícolas.

973. **Europa experimentó un auge demográfico durante la Alta Edad Media,** lo que provocó un aumento de la demanda de recursos.

974. **La rápida urbanización de los siglos XII y XIII fue significativa en la Alta Edad Media,** con muchas ciudades europeas creciendo en tamaño e importancia.

975. **El crecimiento de las ciudades llevó a un aumento del comercio y de los intercambios culturales.**

976. **Las rutas comerciales como la Ruta de la Seda facilitaron el intercambio de bienes, ideas y tecnologías entre Europa y Oriente.**

977. **El auge de una economía basada en el dinero y el desarrollo de sistemas** bancarios contribuyeron a la prosperidad económica de muchos centros urbanos.

978. **Sin embargo, no se favoreció un alto nivel de urbanización, ya que no aumentó el número de puestos de trabajo disponibles en las ciudades.**

979. En su mayor parte, **la organización social de Europa** era agraria y estaba concentrada en las zonas rurales.

980. **Las ciudades sufrían de superpoblación y había muchas personas reducidas a la pobreza**.

981. **En las grandes ciudades se crearon barrios marginales** y el saneamiento era muy deficiente.

982. **Esto coincidió con la propagación de la peste negra**, que diezmó al menos a un tercio de la población europea a mediados del siglo XIV.

983. **Debido a las circunstancias de los principales centros urbanos**, la peste se propagó rápidamente. Se cree que Venecia y Florencia perdieron hasta dos tercios de su población.

984. **La población también se vio afectada por guerras como la de los Cien Años,** que comenzó en 1337. Conflictos como este también propagaron la peste negra, provocando más muertes.

985. **La deforestación y el uso excesivo de la tierra para la agricultura tuvieron efectos medioambientales adversos**, como la degradación del suelo y la pérdida de tierras cultivables.

986. **Los agricultores cultivaban sus cosechas una y otra vez en la misma tierra**, algo que disminuía la calidad de la tierra y la cantidad de productos obtenidos cada año.

987. **La población europea sufrió una escasez generalizada de alimentos a causa de los bajos rendimientos en las cosechas**.

988. **En el siglo XIV comenzó lo que se conoce como la Pequeña Edad de Hielo**, un periodo de enfriamiento regional que supuso un descenso general de las temperaturas. Este periodo duró hasta el siglo XIX.

989. **La población europea no estaba preparada para un cambio climático tan drástico,** que además agravó la escasez de alimentos que ya existía debido a la peste y a la degradación del suelo.

990. **La crisis tuvo efectos de gran alcance en la sociedad europea**, contribuyendo finalmente a la transición de la Alta Edad Media a la Edad Moderna.

991. **Muchos estados experimentaron inestabilidad interna**. La fragmentación de los estados feudales contribuyó a la crisis.

992. **La crisis económica europea provocó la inflación y asestó un duro golpe al sistema señorial medieval.**

993. **La crisis de la Baja Edad Media debilitó la autoridad de la Iglesia católica**, que se esforzó por proporcionar orientación espiritual y hacer frente al sufrimiento causado por **la peste negra.**

994. **Muchos grupos minoritarios considerados heréticos fueron perseguidos.** A menudo se les utilizaba como chivos expiatorios de las penurias que sufría la población.

995. **Muchas obras artísticas y literarias de este periodo, como los escritos de Petrarca y Boccaccio**, reflejan un ambiente sombrío y temas de mortalidad.

996. **Europa comenzó a recuperarse de la crisis a finales del siglo XIV y principios del XV.**

997. **Los avances en el comercio y la navegación, como los viajes de descubrimiento y la expansión de las rutas marítimas,** abrieron nuevas oportunidades económicas.

998. **Los avances en las técnicas agrícolas, como la rotación de cultivos**, introdujeron cambios necesarios en las prácticas agrícolas.

999. **El Renacimiento, movimiento cultural e intelectual, surgió a finales del siglo XIV y durante el siglo XV**. Suscitó un renovado interés por el saber y el arte clásico e inspiró avances científicos y tecnológicos.

1000. **La crisis de la Edad Media representa un momento crucial en la historia europea**, ya que remodeló el continente de manera profunda.

Conclusión

La Edad Media fue una época de asombrosa complejidad, repleta de relatos de heroísmo y lucha. Este libro explora los hechos fundamentales que dieron forma a este periodo de la historia, **desde el surgimiento del cristianismo hasta el reinado de Carlomagno, desde el feudalismo hasta la expansión vikinga, y desde las Cruzadas hasta la guerra de los Cien Años.** También contiene datos fascinantes sobre la **expansión musulmana, el papado y el auge de las universidades.** Por último, habla del impacto de **las invasiones mongolas** y de **la Liga Hanseática** mientras se aprecia la **arquitectura gótica.**

La Edad Media fue una época de enormes cambios y estos datos curiosos son solo una pincelada sobre este periodo. **Le animamos a buscar los temas** que más le interesen y explorarlos más a fondo.

Gracias por acompañar este viaje.

Segunda Parte: La era de los descubrimientos

500 datos interesantes sobre la exploración europea a principios de la Edad Moderna

Introducción

La exploración y el descubrimiento han dado forma al mundo en que vivimos hoy. Desde la **exploración portuguesa de África** en 1415 hasta **el viaje del capitán James Cook a Nueva Zelanda** en 1769, estos valientes exploradores dieron pasos monumentales para descubrir nuevas tierras y culturas que alterarían para siempre la historia del mundo. En este libro, emprenderás un viaje en el tiempo mientras exploramos algunas de las expediciones más importantes.

Empezaremos con las aventuras de Portugal en aguas desconocidas a partir de 1415, cuando se ellos pusieron manos a la obra para **descubrir una ruta comercial africana** en torno al cabo Bojador. Dados los famosos viajes de **Cristóbal Colón** a través del océano Atlántico hacia las Indias, poco más de cincuenta años después, estaba claro que no había límites a lo que se podía explorar si uno se atrevía a intentarlo.

Los corsarios también participaron durante esta época enfrentándose a piratas y asumiendo las tareas más nefastas mientras exploraban las lejanas costas de Asia, África y América. Estas actividades contribuyeron a darle forma a la industria del comercio de esclavos, que ya existía desde hacía siglos.

También exploraremos muchas otras exploraciones famosas, como el viaje de **Jacques Cartier** por el río San Lorenzo, la **colonización española en México y Perú, la exploración francesa de Canadá** y **la exploración holandesa de Indonesia**.

Por último, analizaremos algunas expediciones más modernas, como **el viaje del capitán James Cook alrededor de Nueva Zelanda** en 1769, **la exploración rusa** de las islas Aleutianas en la década de 1670 y la **expansión británica en Norteamérica** entre 1700 y 1763.

Acompáñanos en este increíble viaje en el tiempo para descubrir lo que estos exploradores lograron durante sus audaces aventuras.

Exploración portuguesa de África
(1415-1488)

Este capítulo explorará la increíble historia de la exploración portuguesa en África entre los años 1415 y 1488. Descubre algunos datos fascinantes sobre los intrépidos exploradores, como sus descubrimientos, sus logros y su impacto en el comercio mundial.

1. A principios del siglo XV, **los portugueses comenzaron a explorar África** navegando a lo largo de la costa occidental de este continente en busca de una ruta marítima hacia Asia.

2. En 1434 **doblaron con éxito el cabo Bojador** y continuaron hacia el sur por la costa occidental africana.

3. Los **exploradores portugueses llegaron hasta el sur de la actual Angola** y entraron en contacto con los reinos locales.

4. A finales del siglo XV, **Portugal había establecido puestos comerciales** y fortificaciones en la costa occidental africana, como Elmina, donde explotaron una mina de oro con bastante éxito.

5. En las décadas de 1440 y 1450, **el príncipe Enrique "el Navegante"** fue una figura importante en la exploración portuguesa de la costa noroccidental de África.

6. A mediados del siglo XV comenzó el **comercio de oro** entre los europeos, principalmente portugueses, y el pueblo ghanés.

7. En la década de 1450, **los exploradores portugueses llegaron al Cabo Cross y al extremo sur de la actual Angola.**

8. En 1471, Portugal había establecido asentamientos en **Sofala** (Mozambique), **Kilwa** (Tanzania) y **Mombasa** (Kenia).

9. En 1484, llegó a la **desembocadura del río Congo** y remontó el río, convirtiéndose en **el primer europeo que exploró** partes considerables de África centro-occidental.

10. En 1484, llegó a la **desembocadura del río Congo** y remontó el río, convirtiéndose en **el primer europeo que exploró** partes considerables de África centro-occidental.

11. A finales del siglo XV, **Portugal inició su conquista** para hacerse con el control de partes más extensas de las regiones costeras, incluidos los territorios en torno al cabo Bojador y el cabo de las Agujas.

12. El 17 de enero de 1501, el **explorador João da Nova avistó la isla Ascensión y Santa Elena;** bautizando a la primera en honor al día del descubrimiento.

13. El **explorador Bartolomeu Dias fue el primer europeo en doblar el cabo de Buena Esperanza, en África,** el 11 de enero de 1488.

14. El 12 de marzo de 1488, **el explorador Bartolomeu Dias se convirtió en el primer occidental en ver el océano Índico** desde el extremo sur de África cuando llegó a Kwaaihoek, cerca de Mossel Bay (Sudáfrica).

15. **Vasco da Gama zarpó de Lisboa rumbo a la India** el 8 de julio de 1497, llegando a la India tras rodear el continente africano en 1499 y marcando una nueva era en el comercio entre Europa y Asia.

Viaje de Alvise Cadamosto a lo largo de la costa de África (1454)

En este capítulo **exploraremos el extraordinario viaje de Alvise Cadamosto, explorador y comerciante italiano** que zarpó en 1455. Conoceremos datos interesantes sobre su viaje por la costa africana en nombre de Portugal.

16. **Alvise Cadamosto fue un explorador y comerciante italiano** conocido por su exploración de la costa africana a mediados del siglo XV.

17. **Nacido en el seno de una familia de mercaderes de Venecia, adquirió** mucha experiencia en los mares durante sus primeros años, siendo miembro de varias **misiones venecianas** diferentes antes de zarpar en torno a la costa de África.

18. **Patrocinado por el príncipe portugués Enrique el Navegante,** la participación de Cadamosto en la exploración de la costa africana fue en parte accidental. Su intención inicial era navegar a Flandes como parte de la tripulación de la galera mercante veneciana con su hermano.

19. Este viaje inicial se retrasó en Portugal a causa de un tiempo desfavorable, durante el cual **Cadamosto fue abordado por los representantes del príncipe Enrique**, que le ofrecieron la posibilidad de zarpar hacia la costa occidental de África para explorarla.

20. **Cadamosto aceptó, creyendo que era su destino emprender una empresa tan ambiciosa,** y dejó a sus compañeros de tripulación para preparar la expedición patrocinada.

21. En marzo de 1455, **Cadamosto zarpó con una carabela portuguesa a lo largo de la costa occidental africana** y con la expedición examinó minuciosamente todo lo que encontró por el camino.

22. Al final, la expedición daría como resultado que **Cadamosto y sus hombres cartografiaran la mayor parte de la costa occidental africana,** tomando nota de los pueblos locales y los accidentes geográficos de la tierra desconocida.

23. La **expedición descubrió la desembocadura del río Gambia en el verano de 1455,** donde encontraron resistencia por parte de la población local, que les arrojó proyectiles.

24. **Cadamosto y su tripulación intentaron limitar al máximo el contacto directo con los nativos africanos** para evitar conflictos y preservar la mano de obra.

25. **Regresaron a Portugal a** finales de año, llevando consigo a varios cautivos africanos.

26. En 1456, **Cadamosto partió de nuevo a explorar la costa africana,** esta vez con una expedición más numerosa para ampliar su viaje anterior.

27. La **segunda expedición partió de la ciudad portuaria de Lagos** en mayo de 1456 y siguió prácticamente la misma ruta que la primera.

28. A lo largo de sus aventuras, **Cadamosto llevó un diario detallado en el que describía cada acontecimiento importante de los viajes.**

29. Gracias a la publicación de este documento, **el conocimiento de África por parte de los europeos aumentó mucho más que antes del mismo.**

Los viajes de Cristóbal Colón a América
(1492-1504)

En este capítulo exploraremos los viajes de Cristóbal Colón a las Américas. Descubriremos quince datos interesantes sobre su viaje, como adónde fue y qué descubrió. Descubriremos cómo **estas expediciones ayudaron a Europa a comprender el mundo** y propiciaron un aumento del comercio.

30. **Cristóbal Colón fue un explorador italiano** que realizó cuatro viajes a América entre 1492 y 1504.

31. Antes de zarpar, **Colón intentó conseguir fondos de la Corona portuguesa.** Se los denegaron, por lo que se vio obligado a dirigirse a España para solicitar fondos.

32. En 1492, **Cristóbal Colón zarpó desde España** en busca de una ruta marítima hacia la India, pero en dirección al oeste, con una flota de tres naves.

33. **Colón creía que podría llegar a la India navegando hacia el oeste, pues tenía la intuición de que la Tierra era esférica.** Sin embargo, subestimó la circunferencia de la Tierra, creyendo que el mundo era mucho más pequeño de lo que es en realidad.

34. **Llegó al Caribe el 12 de octubre y creyó encontrar las Indias Orientales.** A los indígenas que vivían allá se les llamaba indios.

35. **Colón y sus hombres se encontraron con los indígenas taínos**. Colón intentó establecer relaciones amistosas con los taínos, pero a medida que aumentaban las tensiones, recurrió a métodos violentos para subyugarlos.

36. En su primer viaje, **Colón exploró Cuba, La Española** (donde están las actuales Haití y República Dominicana), **Jamaica y otras islas cercanas.**

37. **En su segundo viaje a América, exploró varias islas del Caribe y estableció una colonia llamada La Isabela,** que no funcionó debido a la hostilidad de los nativos y al mal tiempo.

38. **El segundo viaje fue mucho mayor.** Diecisiete navíos transportaban a cientos de viajeros que buscaban colonizar nuevas tierras en las Indias.

39. **Muchos de ellos eran agricultores o jornaleros.** Vinieron a adquirir tierras propias para hacerse ricos e influyentes.

40. Durante este viaje, **Colón descubrió Trinidad y Tobago, situadas** frente a las costas de Venezuela.

41. **Exploró América Central en su cuarto viaje** (1502-1504).

42. En 1503 **zarpó de nuevo hacia La Española, pero se vio obligado a entrar en Jamaica debido al mal tiempo.** Allí quedó varado hasta 1504.

43. **Colón estableció colonias españolas por todo el Caribe y Centroamérica,** pero la mayoría de ellas fracasaron.

44. **Las colonias españolas crecieron exponencialmente en el Nuevo Mundo, lo** que permitió a España convertirse en uno de los imperios más ricos de Europa.

Exploración portuguesa de la India
(1497-1641)

La exploración portuguesa de la India fue un momento crucial en la historia de las interacciones de Europa con Asia. En este capítulo, exploraremos dieciocho hechos fascinantes sobre los viajes portugueses a la India y la posterior colonización que tuvo lugar allí.

45. En 1497, **el explorador portugués Vasco da Gama zarpó de Portugal rumbo a la India.**

46. **Llegó a Calicut** (ahora llamada Kozhikode), ciudad portuaria de la costa suroeste, y fue recibido por los gobernantes locales.

47. **El zamorin (rey) de Calicut dio permiso a da Gama para comerciar y establecer puestos comerciales.**

48. A **su regreso a Portugal, en septiembre de 1499, da Gama** trajo de la India valiosos regalos, como especias y sedas, considerados artículos de lujo en Europa desde la antigüedad.

49. **El rey Manuel I de Portugal ordenó que se enviaran más barcos para seguir explorando** y creando oportunidades comerciales con países asiáticos, entre ellos China y las islas de Java.

50. **Aunque al principio los portugueses fueron bien recibidos por los gobernantes locales, como los de Cochin (Kochi) y Cannanore (Kannur),** empezaron a surgir tensiones entre ellos debido a diversos factores, como las diferencias culturales.

51. **Para controlar mejor sus territorios en la India, Portugal estableció en septiembre de 1505 el Virreinato de la India Portuguesa**, que sobreviviría durante los cuatro siglos siguientes.

52. **Francisco de Almeida se convirtió en el primer virrey de la India portuguesa,** logrando establecer una fuerte presencia naval en la región y contribuyendo a las ganancias económicas de Portugal con el nuevo virreinato.

53. En 1509, **Afonso de Albuquerque fue nombrado gobernador de los asentamientos portugueses en la India** y llegó a Calicut con una flota de barcos para establecer allí el primer puesto comercial portugués.

54. A **continuación, se propuso conquistar Goa,** una isla de la **costa india que había estado bajo dominio musulmán** desde 1469. En 1510, tras un asedio de tres meses, logró capturarla.

55. **Goa se convirtió en la capital de la India portuguesa** y en un importante centro comercial y administrativo.

56. **Esta victoria estratégica abrió a Portugal muchas más rutas comerciales** y les proporcionó acceso a valiosos recursos como las especias y el marfil de África Oriental, como los actuales países de Mozambique y Somalia.

57. **Los portugueses construyeron varias iglesias y fortalezas impresionantes por toda la India.** Un ejemplo fue la iglesia de San Pablo, en la antigua Goa, que sigue en pie.

58. La **poderosa presencia de Portugal provocó una oleada de cristianismo en el sur de Asia,** con actividades misioneras emprendidas desde su centro en Goa.

59. **La Inquisición de Goa, creada** en 1561, introdujo una serie de medidas opresivas y persiguió a **muchas religiones no cristianas de la India, obligando a miles de personas a convertirse.**

60. A finales del siglo XVI, **Portugal se había convertido en una de las potencias más influyentes de Asia,** con bastiones en India, China y África Oriental.

61. **Portugal llegaría a disfrutar de un dominio casi total en el océano Índico** antes de la llegada de los holandeses, que desafiaron las pretensiones portuguesas en Malasia e Indonesia en el siglo XVII.

62. **Portugal dejaría una huella indeleble en la cultura del sur de Asia a** través de su arquitectura, su cocina y su lengua. Estas influencias siguen presentes hoy en día.

Exploración portuguesa de Brasil
(1500-1700)

En este capítulo, **exploraremos la increíble historia de la exploración portuguesa de Brasil** entre 1500 y 1700. Descubriremos dieciséis datos interesantes sobre la colonización, las redes comerciales, los choques culturales y mucho más.

63. En 1500, **los portugueses se convirtieron en el primer país europeo en colonizar Brasil.**

64. **La costa brasileña fue explorada por un explorador portugués llamado Pedro Álvares Cabral** en abril de ese año.

65. **Él llamó a la zona Terra de Vera Cruz, que significa "Tierra de la Vera Cruz",** y la reclamó para Portugal cuando desembarcó en sus costas.

66. En 1501, el **explorador italiano Américo Vespucio, que ya había viajado con Cristóbal Colón,** llegó a Brasil con los portugueses y participó en la exploración de la zona. A veces se discute su presencia en Brasil.

67. Un cartógrafo alemán llamado Martin Waldseemüller **bautizaría todo el continente con el nombre de América del Sur** en honor a Américo Vespucio. **Vespucio fue uno de los primeros europeos en darse cuenta de que la tierra descubierta no formaba parte de la India.**

68. **Con el tiempo, Portugal entraría en contacto con la población nativa de Brasil, los tupis,** que vivían en pequeñas comunidades a lo largo de la costa.

69. En 1500, **Portugal hizo de Brasil una colonia real**, pero no fue hasta 1549 cuando la Corona portuguesa creó la Gobernación General de Brasil, estableciendo de hecho la administración colonial.

70. El **nombre de la colonia, Brasil, procedía del árbol local del palo de Brasil**, que se consideraba un bien valioso por el tinte rojo distintivo que podía obtenerse de su fabricación.

71. En 1565, **los portugueses fundaron Río de Janeiro en el sur de Brasil,** ciudad que acabaría siendo la capital del país de 1763 a 1960.

72. **Río se convirtió pronto en un importante puerto comercial gracias a su situación estratégica** y a los ríos navegables que conectaban las zonas interiores de Brasil con el resto del continente.

73. A mediados del siglo XVI, **los jesuitas portugueses llegaron a Brasil** y empezaron a construir escuelas e iglesias, al tiempo que convertían a los indígenas al catolicismo.

74. En 1600 **ya se habían establecido la mayoría de las ciudades modernas actuales, como Salvador, la primera capital de la colonia, y Recife.** Las influencias europeas se dejaban sentir en su arquitectura y cultura.

75. **Cuando se descubrió oro en el interior, cerca de Ouro Preto, en Minas Gerais**, a finales del siglo XVII, cientos de colonos acudieron a la zona, lo que provocó un aumento de las actividades comerciales en territorio brasileño.

76. La **esclavitud se hizo cada vez más común debido a la necesidad de mano de obra en minas o plantaciones** y para aquellos que no podían pagar sus impuestos.

77. **Brasil adquirió pronto una importancia económica capital para Portugal.** Durante mucho tiempo, Brasil fue el mayor productor mundial de azúcar y, más tarde, de café.

78. **Brasil sería, con mucho, la mayor colonia de Portugal.** Se independizaría en el siglo XIX, en 1822.

Piratería, corsarismo y trata de esclavos en el Atlántico
(1500-1722)

Este capítulo se adentra en la historia de la piratería, el corsarismo y la trata de esclavos en el Atlántico. Descubriremos quince datos fascinantes sobre piratas y corsarios, sus motivaciones para atacar y el impacto de las leyes antipiratería en las rutas comerciales internacionales.

79. Durante los siglos XVI y XVII, **la piratería se convirtió en un grave problema en el océano Atlántico**.

80. La **piratería estaba tan extendida durante este periodo** que empezó a afectar negativamente a las rutas comerciales internacionales, afectando principalmente a Europa, África y Norteamérica.

81. **En respuesta a la actividad pirata, muchos países aprobaron leyes contra la piratería,** como las Leyes de Navegación de Inglaterra.

82. **Las Leyes de Navegación prohibían a los barcos extranjeros comerciar con sus colonias sin pagar antes impuestos.**

83. Los **gobiernos reclutaban barcos,** conocidos como **corsarios**, que estaban autorizados a atacar barcos enemigos o piratas.

84. **El grupo más famoso de corsarios era el conocido como la Cofradía de los Hermanos de la Costa**, que operaban principalmente en torno a Centroamérica y el mar Caribe en el siglo XVII.

85. La **trata de esclavos en el Atlántico constituyó una parte importante del comercio internacional durante este periodo** y fue testigo de la venta de millones de africanos como esclavos en todo el mundo.

86. **Los corsarios participaban en el comercio de esclavos,** aunque no en la misma medida que los traficantes regulares.

87. El **capitán William Kidd fue uno de los corsarios más destacados de su época;** originario de Escocia, se había hecho un nombre en todo el Atlántico, a menudo contratado por la Corona británica para proteger los intereses británicos en Norteamérica.

88. **Muchos piratas formaron sus propias "repúblicas piratas",** que eran refugios seguros donde estarían a salvo de la persecución o interferencia del gobierno siempre que respetaran las leyes locales.

89. **Los corsarios de Berbería estuvieron entre los piratas más feroces del mar en el siglo XVII.** Cazaban principalmente barcos europeos en el Mediterráneo.

90. En 1698, **Gran Bretaña aprobó su primera ley contra la piratería,** que otorgaba más poder a las fuerzas navales en el mar y permitía castigos más severos para quienes fueran sorprendidos pirateando o corsarizando.

91. **Edward Teach, o "Barbanegra", fue un infame pirata británico y el capitán del Queen Anne's Revenge,** un barco pirata que aterrorizó las rutas marítimas de Norteamérica antes de encallar frente a lo que hoy es Carolina del Norte en 1718.

92. En 1713, **se firmó el Tratado de Utrecht entre Gran Bretaña y Francia,** que incluía disposiciones sobre corsarismo relacionadas con estos países.

93. El **corsarismo fue totalmente denunciado y abolido como práctica en el siglo XIX** con la Declaración de París de 1856.

El descubrimiento del Río de la Plata por Juan Díaz de Solís
(1515-1516)

En este capítulo exploraremos el descubrimiento del Río de la Plata por Juan Díaz de Solís. Acompáñanos a descubrir diecisiete datos interesantes sobre su viaje, desde el descubrimiento de las tribus nativas hasta los territorios que exploró.

94. **Juan Díaz de Solís fue un explorador español que partió en 1515 en busca de la legendaria ciudad de El Dorado y sus riquezas.**

95. **Su viaje le llevó al sur, a lo largo de la costa atlántica** de Sudamérica, hasta lo que hoy es Argentina y Uruguay.

96. En su viaje **descubrió un gran río estuario, al que llamó Río de la Plata, debido a las** noticias de que en sus orillas se podía encontrar plata.

97. En diciembre de 1515 **se encontró con varias tribus indígenas,** entre ellas **los charrúas** (del actual Uruguay) y **los guaraníes** (del actual Paraguay).

98. El **estuario del río fue explorado brevemente por Fernando de Magallanes**, que llegó a la desembocadura durante su viaje de 1520 antes de proseguir la vuelta al mundo.

99. **Se desconoce la causa exacta de la muerte de Díaz de Solís,** e incluso se cree que se ahogó en el Río de la Plata.

100. En 1516**, Álvar Nuñez Cabeza de Vaca asumió el mando de la expedición** y continuó explorando el Río de la Plata.

101. A **pesar del entorno hostil y la falta de recursos, la expedición de Díaz de Solís logró** cartografiar gran parte de lo que hoy se conoce como Argentina y Uruguay.

102. **A partir de este descubrimiento, se abrió una nueva ruta comercial entre España y Sudamérica, que** permitió a los mercaderes acceder directamente a mercancías como la plata.

103. El **Río de la Plata se convertiría en una importante puerta de entrada para los colonos** que pretendían establecerse en Sudamérica. Era un punto de entrada al continente.

104. **Los colonos pasarían a formar Buenos Aires,** que se convirtió en una de las mayores ciudades de Sudamérica, cerca de la desembocadura del río.

105. Con el tiempo, se **hicieron más descubrimientos en la región,** incluido el hallazgo de varios pueblos indígenas con los que no se había contactado antes, como **las tribus Chaná y Yaro.**

106. **Tras la exploración de Sudamérica, España y Portugal se repartieron las nuevas colonias** según la línea de demarcación establecida en 1494 en el Tratado de Tordesillas.

107. Según el tratado, **todas las tierras colonizadas y exploradas serían divididas por las dos naciones** a ambos lados del meridiano 370 leguas al oeste de Cabo Verde.

108. **El descubrimiento de Díaz de Solís le proporcionó fama** y una gran riqueza a España.

109. **El Río de la Plata es hoy uno de los mayores estuarios del mundo, con** unos cuatrocientos kilómetros de largo y sesenta y cuatro de ancho.

110. **La prosperidad de la región** y las numerosas ventajas que conllevaba dieron lugar a varios conflictos que se concentraron en torno a la zona; **Brasil, Uruguay, Argentina y Paraguay se disputaron el control** durante el siglo XIX.

Hernán Cortés y la conquista española de México y Centroamérica
(1518-1521)

En este capítulo exploraremos la historia de la colonización española en México y Centroamérica. Veremos más de treinta datos interesantes sobre el viaje de los españoles, las ciudades que fundaron, sus interacciones con los nativos y cómo afectó la conquista a la región.

111. En 1518, **un ejército español dirigido por Pedro de Alvarado** y otros exploradores zarpó de España para explorar la zona que hoy se conoce como Centroamérica.

112. La **primera parada de su viaje fue Cuba,** donde se encontraron con **Hernán Cortés,** un noble español menor que había viajado al Nuevo Mundo en busca de una nueva vida.

113. **Cortés se convirtió en el capitán de la expedición.** Continuó explorando el continente, llegó a México y fundó la ciudad de Veracruz en agosto de 1519.

114. La **expedición se encontró con los aztecas y los mayas, lo que les dio** la oportunidad de conocer diferentes culturas y costumbres de México y Centroamérica.

115. **Los aztecas eran una civilización avanzada que vivía en lo que hoy son partes de México, Guatemala y Belice.**

116. **Su capital era la gran ciudad de Tenochtitlan, en el lago Texcoco.** Había más de 200.000 habitantes a la llegada de los conquistadores.

117. **Los aztecas eran guerreros feroces.** Habían subyugado a sus tribus vecinas y se erigieron en sus soberanos, cobrando tributo a las tribus más pequeñas.

118. **Sospechando que los aztecas tenían muchos objetos de valor, como oro, para saquear y deseoso de reclamar los territorios inexplorados para la Corona española,** Cortés lanzó una invasión contra los aztecas a su llegada a México.

119. **Antes de que comenzaran las hostilidades, Cortés y su tripulación fueron recibidos inicialmente de forma amistosa por el emperador azteca Moctezuma II en Tenochtitlan.** Los españoles quedaron asombrados por lo avanzada que estaba la ciudad.

120. **Los españoles se verían obligados a abandonar la ciudad, ya** que las tensiones entre los lugareños y los conquistadores armados desembocaron en un conflicto total.

121. **Cortés regresó al cabo de un par de meses para tomar la ciudad.** Disponía de unos quinientos soldados, pero pronto se le unieron cientos de lugareños por el camino. Querían que derrocara a los opresores aztecas.

122. **Los españoles tenían armas de fuego. La mayoría de los nativos sólo usaban lanzas, arcos y flechas,** o espadas de piedra o madera. Esto dio a los españoles una gran ventaja.

123. **Los españoles utilizaban caballos en los combates,** lo que aterrorizaba a algunas tribus, ya que nunca los habían visto antes.

124. El **liderazgo de Cortés, la ayuda de las tribus nativas locales,** el armamento europeo y la propagación de enfermedades contribuyeron a derrocar el Imperio azteca.

125. **Tras conquistar el Imperio azteca, Cortés se convirtió en gobernador de Nueva España** (actual México).

126. **Sobre las ruinas de la saqueada capital azteca, los españoles construyeron su propia urbe, Ciudad de México,** que se convertiría en el centro de operaciones de Nueva España.

127. Tras conquistar gran parte del centro de México en los años siguientes, las **posesiones españolas se reorganizarían en un nuevo virreinato imperial llamado Virreinato de Nueva España.**

128. **El virreinato crecería con el tiempo** hasta incluir México, América Central, partes del Caribe y partes de Estados Unidos.

129. **Los colonos españoles organizaron sus tierras en encomiendas,** posesiones en las que tenían permiso real para emplear a las poblaciones indígenas en labores agrícolas.

130. **Los españoles también trajeron consigo muchas enfermedades mortales.** Las poblaciones nativas no habían estado expuestas antes a estas enfermedades, lo que ocasionó que sus sistemas inmunitarios no supieran cómo responder a dichas enfermedades.

131. **Millones de nativos de todo México, el Caribe, Centroamérica, Sudamérica y Norteamérica murieron a causa de las enfermedades.**

132. **Una de las razones por las que Cortés pudo tomar Tenochtitlan** fue una epidemia de viruela que había estallado en la ciudad durante la primera visita de los españoles.

133. **Los aztecas consiguieron expulsar a los españoles de Tenochtitlan en una ocasión,** recuperando brevemente el control de la ciudad; sin embargo, al final quedaron demasiado debilitados para oponer más resistencia a los conquistadores.

134. **Los conquistadores se apoderaron de Tenochtitlan y la desarrollaron según sus necesidades;** la ciudad se convirtió en el centro de las operaciones españolas en Norteamérica en 1521.

135. **Las Américas también tenían muchas novedades para los españoles, como el tabaco.**

136. **La conquista española marcó un importante cambio** de las culturas indígenas tradicionales hacia un modo de vida más europeo.

137. **La introducción del cristianismo se convertiría en una parte importante de la misión de los españoles.** Intentaron convertir al catolicismo a los habitantes de Nueva España. Obtuvieron permiso del papado para hacerlo.

138. **Los españoles introdujeron nuevas prácticas agrícolas** que impulsaron enormemente la capacidad de producción de las economías nativas; también diversificaron la producción al introducir en América nuevos cultivos como el trigo.

139. **Durante esta época, muchos conquistadores buscaron oro y plata por toda Nueva España.** De hecho, los minerales valiosos fueron algunas de las principales razones de la colonización.

140. A finales del siglo XVI, **la ciudad de México, junto con Veracruz y Guadalajara, se había convertido en un centro importante en Nueva España,** facilitando el comercio y el movimiento de los españoles por toda la colonia.

141. **Con el desarrollo de las ciudades surgieron nuevas clases sociales. Los españoles** estaban en la cima de la jerarquía. Poseían la mayor parte de la tierra, que habían conquistado a los nativos.

142. Los **nativos convertidos al cristianismo,** los mestizos e incluso los españoles nacidos en las colonias estaban por debajo de los españoles en la sociedad.

143. **Las conquistas de Cortés animaron a otros exploradores españoles a explorar otras partes de América** con la esperanza de encontrar nuevas riquezas o tierras.

144. Su éxito, unido al de otras exploraciones durante el siglo XVI, dio lugar finalmente a un número estimado de hasta 2 millones de **españoles que se trasladaron de Europa a América durante la época de la colonización española** hasta el siglo XIX.

El establecimiento del Virreinato de Nueva España
(1535- 1542)

En este capítulo exploraremos la creación del Virreinato de Nueva España. Veremos dieciséis datos interesantes sobre su formación, cifras y mucho más.

145. En 1535, **el rey Carlos V de España creó el Virreinato de Nueva España** para ayudarle a gobernar lo que hoy es México y América Central.

146. El **primer virrey fue Antonio de Mendoza, que llegó a Nueva España** en 1535 y sirvió hasta 1550, después de lo cual también sirvió brevemente como virrey español de Perú.

147. **La nueva colonia acabaría cubriendo una enorme zona** que se extendía desde la actual Luisiana hasta América Central, incluyendo gran parte de los actuales México y Perú, así como algunas islas caribeñas como Cuba y Puerto Rico.

148. El **idioma oficial era el español, pero los nativos también hablaban muchas lenguas locales, como el náhuatl** (la lengua azteca) o el maya.

149. **Para asegurarse de que todo el mundo cumplía las leyes españolas**, se estableció en cada ciudad un sistema de tribunales llamados audiencias. Los jueces juzgaban casos relacionados con disputas civiles o acusaciones criminales contra funcionarios o ciudadanos.

150. **El Virreinato de Nueva España estaba dividido en diferentes distritos administrativos conocidos como intendencias.** Éstas irían creciendo en número a medida que el virreinato ampliaba sus fronteras.

151. A mediados del siglo XVI, **se construyó un puerto llamado San Juan de Ulúa a lo largo del Golfo de México** para proteger a la recién formada colonia de ataques enemigos o intrusiones extranjeras.

152. **Para promover el comercio con Europa, se creó un sistema de galeones que transportó mercancías** entre Veracruz y Cádiz, España, durante muchos años.

153. **El Virreinato de Nueva España experimentaría un declive demográfico** debido en gran parte a la propagación de enfermedades mortales de los europeos a las poblaciones nativas, pero la situación se estabilizó hacia 1600.

154. Los **esclavos africanos fueron traídos por mercaderes españoles**, que los intercambiaron junto con otras mercancías con los gobernantes locales de toda América Central y del Sur.

155. **Para mantener a todo el mundo a salvo de enfermedades, todos los barcos que llegaban al puerto de Veracruz eran puestos en cuarentena durante dos semanas** antes de poder entrar en la ciudad.

156. **Con el tiempo, Veracruz se convirtió en una de las mayores ciudades portuarias del Virreinato de Nueva España.** La ciudad mantuvo su importancia incluso después de la descolonización y la independencia de México.

157. **Para asegurarse de que Nueva España permanecía leal a su rey, Carlos V envió a muchos de sus funcionarios de confianza** a supervisar el gobierno de la colonia.

158. Para inicios del siglo XVII se **habían establecido varias órdenes religiosas por toda Nueva España,** entre ellas las de los franciscanos, dominicos y agustinos. Su principal objetivo era convertir a los nativos al cristianismo a través del trabajo misionero.

159. El **virrey Luis de Velasco, segundo virrey de la colonia, fue un líder muy influyente** que expandió las actividades económicas de Nueva España. Gozaba de cierta popularidad entre los nativos porque los defendía.

160. **El Virreinato de Nueva España permaneció activo hasta 1821**, cuando fue sustituido por la república independiente de México tras una exitosa guerra de independencia contra el Imperio español.

Conquistas españolas de América Central y del Sur
(1521-1571)

Este capítulo explorará la historia, a menudo olvidada, de las conquistas españolas en Centroamérica y Sudamérica. Profundizaremos en más de treinta hechos sobre cómo se llevaron a cabo estas conquistas, **incluyendo detalles sobre el armamento utilizado, las tácticas** empleadas y los efectos de la conquista tanto durante como después de este periodo.

161. **Los conquistadores llegaron a otras partes de Centroamérica** más o menos al mismo tiempo que Cortés conquistaba a los aztecas.

162. **Muchos pueblos indígenas de la América Central y del Sur murieron a causa de las enfermedades europeas,** tales como la viruela y la gripe, traídas por los españoles.

163. En aquella época, la **península de Yucatán estaba habitada principalmente por los mayas,** que poseían una cultura bastante avanzada con un interesante panteón de dioses.

164. **Aunque los mayas ya estaban debilitados cuando llegaron los españoles,** resistieron hasta 1697, más de 150 años después de su llegada.

165. En 1513, **la expedición del general Vasco Núñez de Balboa cruzó el istmo de Panamá, entre los océanos Atlántico y Pacífico.** Los conquistadores consolidarían después su control sobre Panamá.

166. **Pedro de Alvarado es el hombre a quien se atribuye la conquista española de la actual Guatemala en 1524.**

167. En 1525 **comenzó la conquista de Honduras. Francisco de Montejo, jefe de la expedición,** fue nombrado primer gobernador español.

168. **Algunas de estas expediciones se organizaron para encontrar el místico El Dorado,** una ciudad establecida por una tribu indígena que supuestamente estaba construida de oro.

169. **España empezó a consolidar su control de Nicaragua** en la década de 1520.

170. A finales de la década de 1570, **algunas partes de Centroamérica habían sido pacificadas,** aunque no faltaron las rebeliones de las poblaciones indígenas.

171. **El conquistador español Francisco Pizarro dirigió una expedición en el oeste de Sudamérica** de 1526 a 1542.

172. **Descubrió el Imperio inca,** uno de los más poderosos de América. Se centraba en Perú y Chile.

173. **La civilización inca tenía muchos asentamientos en las montañas.** La civilización se centró alrededor de la ciudad de Cuzco en Perú.

174. Hablaban la lengua quechua, pero no tenían un sistema formal de escritura.

175. **Los incas no utilizaban la rueda para el transporte.** No disponían de acero ni de hierro, pero sí utilizaban el bronce y el cobre para sus herramientas y armas.

176. **Francisco Pizarro emprendió varias expediciones** desde Centroamérica hacia el sur, adentrándose en los territorios incas.

177. **Finalmente derrotó y capturó al líder inca, Atahualpa**, en 1532.

178. **Los conquistadores saquearon las tierras incas,** llevándose grandes cantidades de oro y plata de los templos y ciudades sagradas.

179. **En abril de 1533, Atahualpa fue juzgado por traición.** Aceptó convertirse para morir estrangulado en lugar de ser quemado vivo.

180. **Atahualpa había acordado pagar un rescate de oro a cambio de su liberación.** Proporcionó a los españoles una habitación llena de plata.

181. **Tras la captura y ejecución de su líder, muchos incas se rebelaron contra el dominio de Pizarro,** lo que dio lugar a varias batallas.

182. **En 1536, los incas se rindieron finalmente por falta de recursos y de mano de obra.**

183. **Pizarro fundó la ciudad de Lima** en 1535, cerca de donde había conquistado Cajamarca.

184. A finales de 1538, casi **todos los territorios incas estaban bajo control español.** Los conquistadores consolidarían su control con el tiempo.

185. Durante los años siguientes, **Pizarro continuó expandiendo el alcance de España en Perú con la fuerza militar.** También introdujo el cristianismo y las costumbres europeas entre los nativos.

186. **El rey Carlos V concedió a Pizarro los títulos de gobernador y capitán general** por el éxito de su misión.

187. **Después de que Pizarro derrotara a los incas, se lanzaron numerosas expediciones a Sudamérica.**

188. **El Virreinato del Perú fue el segundo territorio ultramarino más importante de España** durante la época de la colonización hasta su disolución formal en 1824; le sucedieron las nuevas naciones independientes de Sudamérica.

189. La **conquista de Bolivia por los españoles comenzó en 1532, con Diego de Almagro,** antiguo compañero de Pizarro, al frente de una expedición.

190. **Francisco de Orellana, otro participante en la conquista de Pizarro,** dirigió más tarde una exploración del río Amazonas hasta su desembocadura en el océano Atlántico en el Brasil portugués en la década de 1540.

191. **La Paz fue fundada en 1548 por Alonso de Mendoza.** Se convirtió en la capital oficial de la Bolivia española.

192. **Una figura interesante de la colonización española de Sudamérica es un alemán llamado Ambrosius Ehinger** (Ambrosio Alfinger en español). Exploró partes del noreste de Sudamérica y fundó la ciudad de Maracaibo en 1529.

193. **Ehinger fue enviado a colonizar Sudamérica por la acaudalada familia Welser, a la que el rey Carlos V de España** (que también era emperador del Sacro Imperio Romano Germánico) había otorgado concesiones. Sus fueros serían revocados en la década de 1540.

194. **Las expediciones españolas establecieron asentamientos a todo lo largo de las costas caribeñas de Colombia, llegando hasta la cuenca del Orinoco, en Venezuela.**

La circunnavegación del globo por Magallanes
(1519-1522)

En este capítulo exploraremos la increíble hazaña de la navegación llevada a cabo por **Fernando de Magallanes** y su tripulación en 1522. Examinaremos más de treinta datos interesantes sobre su viaje, desde por qué se embarcaron hasta cuántos barcos sobrevivieron a la circunnavegación.

195. **Fernando de Magallanes dirigió una flota de cinco navíos y unos 270 marineros en una expedición** para dar la vuelta al mundo en 1519.

196. **Al igual que Colón, quería encontrar un camino de Europa a Asia navegando hacia el oeste en vez de hacia el este,** que era como se solía viajar en aquella época.

197. El **viaje duró tres años y** terminó el 6 de septiembre de 1522.

198. **Sólo un barco, el Victoria, consiguió regresar a casa tras completar la misión.**

199. El **objetivo inicial de la expedición de Magallanes era llegar a las legendarias Islas de las Especias,** de cuya ubicación los europeos sabían muy poco.

200. **Las islas se llamaban de las Especias porque en ellas crecían muchas especias como la canela, el clavo y la nuez moscada.** Todas estas especias eran valiosas y se vendían a precios elevados en los mercados europeos.

201. **Las islas de las Especias son las actuales islas Maluku,** al este del archipiélago indonesio.

202. **La ruta elegida por la expedición llegaría primero a Sudamérica.** Luego, los hombres navegarían hacia el sur a lo largo de su costa oriental, con la esperanza de que de alguna manera podrían rodear el continente y llegar a Asia oriental.

203. **Magallanes y su tripulación lograron dar la vuelta a Sudamérica, haciendo** escalas en los puertos portugueses recién fundados en Brasil.

204. **Cruzaron un estrecho muy angosto en el sur del continente para llegar al océano Pacífico.** Hoy, ese estrecho se llama Estrecho de Magallanes.

205. **Magallanes daría nombre al océano Pacífico,** que hasta entonces había sido inexplorado por los colonizadores. **Lo llamó "Pacífico" porque parecía muy tranquilo en comparación con otros mares que** había encontrado.

206. **Mientras atravesaba el mayor océano de la Tierra, Magallanes hizo un par de paradas** en pequeñas islas del Pacífico antes de llegar finalmente al archipiélago indonesio.

207. **La navegación por las islas indonesias resultó muy difícil.** Las aguas estaban completamente inexploradas por los europeos y los nativos eran, en ocasiones, muy hostiles con ellos.

208. **Tras escapar del peligro en Bali, Magallanes llegó a la isla de Ternate,** donde se reunió con **el sultán de Tidore,** que le dio una calurosa bienvenida con regalos de especias y provisiones.

209. **Magallanes permaneció en las Islas de las Especias durante dos meses,** comerciando con los lugareños y explorando otras islas cercanas como Ambon y Timor.

210. Durante su estancia en la zona, **Magallanes trazó un mapa de gran parte de la costa de Indonesia,** que sería utilizado por los futuros exploradores que siguieron su viaje.

211. **Magallanes murió durante la expedición en la isla de Mactan,** en abril de 1521, durante un conflicto con los nativos.

212. La **mayoría de los barcos habían sido dañados o destruidos para entonces,** por lo que fueron abandonados.

213. **Uno de los capitanes de Magallanes completó la circunnavegación en su nombre nueve meses después,** y otros diecisiete miembros de la tripulación llegaron a Europa en 1522.

214. **La expedición de Magallanes fue la primera en dar la vuelta al mundo por mar,** demostrando la teoría de que la Tierra era redonda.

215. **Demostró la pericia de los barcos contemporáneos,** que podían navegar largas distancias sin necesidad de detenerse para un mantenimiento constante a lo largo del trayecto.

216. La **tripulación de Magallanes se encontró con muchas culturas e idiomas diferentes, lo que convirtió** su viaje en un viaje de descubrimiento tanto para ellos como para todos los europeos.

217. **Además de demostrar la circunferencia de la Tierra,** el viaje abrió nuevas rutas comerciales entre Europa y Asia.

218. **Estas rutas permitieron que las mercancías de estas dos regiones se intercambiaran entre sí** con más rapidez que nunca.

219. La **expedición de Magallanes también motivó a muchas naciones europeas a probar suerte en la exploración,** ayudando a lanzar una nueva ola de colonización en las Américas y el Sudeste Asiático.

220. **La ruta tomada por la flota de Magallanes ha sido seguida por numerosos exploradores, entre ellos el capitán Cook** a mediados del siglo XVIII, que cartografió gran parte de Australia durante su viaje.

221. **Aunque Magallanes era portugués, se embarcó en una expedición española.** Le acompañaba un navegante español.

222. **Sin embargo, Portugal acabaría aprovechando los viajes de Magallanes.** Al contar con una ventaja marítima natural sobre los demás estados europeos, Portugal sería la primera nación en iniciar activamente la colonización del sudeste asiático.

223. **Durante esta época, los colonizadores y comerciantes portugueses formaron alianzas con los líderes locales** para hacerse con el control de la producción de especias en las islas.

224. **Esto les permitió acceder a recursos valiosos como la pimienta, la nuez moscada y el clavo,** que sólo podían encontrarse allí.

225. **La exploración portuguesa de las Islas de las Especias abrió nuevas rutas comerciales,** lo que condujo a una era de globalización que cambió la historia del mundo para siempre.

Exploración del río San Lorenzo por Jacques Cartier (1534)

Este capítulo explora las revolucionarias exploraciones del explorador francés **Jacques Cartier**. Descubriremos varios datos interesantes sobre su viaje al río San Lorenzo y cómo cambió la historia.

226. **Jacques Cartier fue un explorador francés** que navegó hasta el río San Lorenzo en 1534.

227. **El rey Francisco I de Francia le encargó** encontrar un paso desde el océano Atlántico hasta Asia a través de Norteamérica.

228. **Cartier exploró lo que hoy se conoce como Canadá.** El 24 de julio de 1534 llegó a Stadacona (actual Quebec).

229. **Cartier fue el primer europeo que exploró y cartografió la cuenca del río San Lorenzo.**

230. **Durante su viaje, entró en contacto con las tribus nativas americanas locales** y aprendió sobre su cultura y su lengua, que incluía palabras como "canoa" y "tobogán".

231. **Llamó Canadá a la tierra recién descubierta,** nombre que procedía de la palabra nativa iroquesa para asentamiento (Kanata).

232. Supuestamente, **Cartier escuchó el nombre pronunciado por los lugareños** cuando le dirigieron hacia un asentamiento vecino en la zona del actual Quebec.

233. En **septiembre de ese año, Cartier viajó río arriba hacia Hochelaga** (Montreal), donde encontró una aldea habitada por los iroqueses locales.

234. **La tripulación pudo cartografiar ríos, como el Saguenay, para futuras expediciones.**

235. **En 1535, Cartier regresó a Francia con dos jóvenes nativos americanos que había tomado como guías e intérpretes.** El rey permitió a Cartier traerlos de vuelta.

236. **Cartier también iba acompañado de un cargamento de mercancías valiosas, como pieles y cueros de castor,** muy codiciados en la Europa de la época.

237. En su segundo viaje, que duró de 1535 a 1536, **Jacques Cartier exploró más río arriba, hacia Montreal,** pero debido a encuentros hostiles con los iroqueses locales, se vieron obligados a dar media vuelta antes de llegar a su destino.

238. **A través de estas exploraciones, trazó la mayor parte de lo que hoy conocemos del río San Lorenzo,** incluidas islas como Anticosti.

239. Curiosamente, al igual que Colón, **Jacques Cartier estaba seguro al principio de haber llegado al continente asiático** en lugar de haber descubierto una masa continental completamente nueva.

240. **Sus viajes contribuyeron a establecer relaciones comerciales entre Francia y Canadá** para el comercio de pieles, que duró más de doscientos años.

Cartografía y tecnología en la era de los descubrimientos

La **Era de los Descubrimientos** vino acompañada de numerosos avances **tecnológicos contemporáneos** que estimularon los esfuerzos por explorar el mundo y conocerlo mejor. Este capítulo abordará algunos de los avances más importantes que tuvieron lugar durante este periodo.

241. **La era de los descubrimientos supuso para Europa una era de innovación** nunca antes vista en cuanto a los grandes avances tecnológicos que trajo en todos los ámbitos de la vida.

242. **Estos avances fueron utilizados por los exploradores y afectaron a la forma en que percibían el mundo que les rodeaba.** Las nuevas herramientas también les ayudaron a navegar por los océanos.

243. **Uno de los avances más importantes fue la cartografía,** el método de creación científica de mapas.

244. El **renacimiento de la cartografía se debió al redescubrimiento** en el Renacimiento **de antiguos mapas** y fuentes que se habían perdido durante la Edad Media.

245. **A medida que los europeos fueron descubriendo el Nuevo Mundo, se vieron obligados a perfeccionar sus sistemas cartográficos.** Muchos viajes, como la circunnavegación del mundo por Magallanes, ayudaron a construir el esqueleto básico de un mapamundi que luego se amplió una y otra vez.

246. La **carabela era un nuevo tipo de barco, más pequeño y muy maniobrable, que resultaba** crucial para los largos viajes por mar. Permitió a los navegantes europeos explorar más lejos y más rápido que antes.

247. **Aunque no se considera al científico italiano Galileo Galilei el inventor del telescopio, sí se sabe que lo mejoró mucho,** permitiéndole a él y a otras personas de todo el mundo ver los objetos celestes con mucha más claridad.

248. **Muchos exploradores utilizaron telescopios modificados para explorar los mares y observar el cielo.**

249. **La brújula magnética, desarrollada por los chinos, se convirtió en una herramienta vital para los navegantes europeos durante la Era de los Descubrimientos.** Permitía a los navegantes determinar la dirección incluso en condiciones de nubosidad o niebla, cuando las estrellas no eran visibles.

250. **El astrolabio, instrumento utilizado para observar la posición de las estrellas y los planetas,** se adaptó a partir de diseños anteriores de Oriente Próximo. Se convirtió en esencial para la navegación celeste, ayudando a determinar la latitud.

251. **El cuadrante y el sextante, que siguieron al astrolabio,** permitieron mediciones más precisas de la latitud y, con el tiempo, de la longitud.

252. El **filósofo francés René Descartes** introdujo en 1637 lo que hoy se conoce como **geometría cartesiana de coordenadas**. Este avance revolucionó las matemáticas al vincular las ecuaciones algebraicas a las formas geométricas con fines de visualización.

253. **La geometría de coordenadas permitió plasmar mejor en el mapa los descubrimientos de los exploradores** y crear un sistema unificado y objetivo de percepción de las cosas en dos dimensiones.

254. **Carlos Lineo desarrolló una forma nueva, más fácil y sistemática de clasificar a los seres vivos,** que publicó en su obra *Systema Naturae* en 1735.

255. **Esto introdujo nuevas formas de recopilar información sobre la fauna** que los europeos encontraron en otros continentes, sentando las bases para el desarrollo de disciplinas posteriores.

256. **Introducida por Johannes Gutenberg a mediados del siglo XV, la imprenta** permitió la producción en masa de mapas y cartas náuticas, que antes se dibujaban a mano, siendo por tanto poco utilizadas. De este modo, los conocimientos geográficos se difundieron más amplia y rápidamente.

Jesuitas en América
(1549-1830)

Este capítulo explora la fascinante historia de los misioneros jesuitas en América. Profundizaremos en datos interesantes sobre su misión de difundir el catolicismo entre los indígenas, cómo interactuaron con las distintas culturas y el legado perdurable de este periodo.

257. En **1549, los primeros jesuitas llegaron a Sudamérica para difundir el catolicismo** entre los indígenas que vivían allí.

258. A finales del siglo XVI, **los misioneros jesuitas empezaron a viajar a Centroamérica y México** para convertir a las tribus locales y construir iglesias y escuelas.

259. Hacia 1600, **un número significativo de jesuitas trabajaba en América Latina como maestros,** predicadores o curanderos de enfermedades espirituales o físicas.

260. **Conocemos sus viajes y actividades a través de sus propios relatos.** Uno de los más famosos es el del dominico **Bartolomé de las Casas,** *Brevísima relación de la destrucción de las Indias.*

261. Entre 1610 y 1650, **se establecieron muchas misiones jesuitas en toda América Central y del Sur.**

262. **Casi veinte millones de nativos se habían convertido en 1767.**

263. A mediados del siglo XVIII, **el gobierno central español comenzó a retomar el control de sus antiguas colonias,** lo que supuso la expulsión de muchas órdenes religiosas, como los jesuitas.

264. En 1767, **la Corona española ordenó expulsar a todos los jesuitas de los países bajo dominio español.** Sus misiones fueron clausuradas.

265. **Como resultado de esta expulsión, muchos miles de nativos perdieron el acceso a la educación y a la orientación espiritual** que los misioneros jesuitas habían proporcionado durante muchos años.

266. **Tras ser expulsados de Sudamérica en 1767, algunos jesuitas se trasladaron a Norteamérica,** donde continuaron su labor misionera con las poblaciones nativas americanas y otros inmigrantes.

267. Desde su independencia, Estados Unidos **fue uno de los lugares que permitió a los jesuitas plena libertad en sus actividades religiosas.**

268. Durante el siglo XVIII, **los jesuitas participaron activamente en movimientos de justicia social**, como las campañas contra la esclavitud.

269. **A través de su trabajo con los nativos americanos y otras comunidades de inmigrantes, los jesuitas establecieron sólidas relaciones** que les permitieron acceder a regiones en las que antes les había resultado difícil penetrar a los europeos.

270. **El legado dejado por estos primeros misioneros jesuitas sigue siendo visible hoy en día a través de instituciones educativas como la Universidad de Georgetown o monumentos** en honor a la cultura de los pueblos indígenas.

Colonización española de Filipinas
(1565-1571)

La colonización española de Filipinas es un periodo fascinante de la historia. En este capítulo se exploran quince datos interesantes sobre esta época, desde el intento fallido original de España hasta su largo dominio de las islas.

271. **España intentó colonizar Filipinas por primera vez en 1521, durante la expedición de Magallanes, pero fracasó a causa del** mal tiempo, la insuficiencia de recursos y las hostilidades con los nativos.

272. En 1565, otro grupo de exploradores españoles, dirigidos por **Miguel López de Legazpi, llegó a Filipinas.**

273. **Estableció un asentamiento en la isla de Cebú llamado San Miguel**, que más tarde fue trasladado a la bahía de Manila y rebautizado como Intramuros.

274. **Los españoles construyeron fuertes alrededor de Intramuros** para protegerse de invasores como las fuerzas holandesas o chinas.

275. **Legazpi se encontró con tribus locales,** algunas de las cuales eran amistosas y otras hostiles.

276. **Muchos filipinos se convirtieron de sistemas de creencias tradicionales como el animismo al cristianismo durante este periodo,** a veces incluso bajo amenaza de muerte si no accedían a los esfuerzos de conversión forzada de los clérigos católicos que acompañaban a la expedición.

277. **Los españoles trajeron a Filipinas el alfabeto y la cultura latinos.**

278. **La ruta comercial de galeones Manila-Acapulco se estableció en 1565,** conectando México y Filipinas durante más de doscientos años.

279. **Filipinas debe su nombre al rey Felipe II de España.**

280. **Uno de los principales objetivos del dominio español era promover el cristianismo en todo el sudeste asiático** y reducir la influencia de otras naciones en las tierras vecinas.

281. **Los españoles crearon escuelas e iglesias dedicadas a difundir el catolicismo** y los ideales europeos en todas las Filipinas.

282. **Los filipinos indígenas actuaban principalmente como arrendatarios o aparceros en tierras** propiedad de familias adineradas, incluidas las de ascendencia española.

283. El **dominio español en Filipinas duró más de trescientos años,** de 1565 a 1898.

284. **Todavía existen algunos vestigios de la colonización española,** como muchos apellidos filipinos, el idioma, la arquitectura, la religión, la comida y las costumbres.

285. **La colonización española de Filipinas es históricamente significativa.** Contribuyó en gran medida al intercambio cultural entre Europa, Asia y América Latina durante este periodo.

Viajes ingleses y colonización de Norteamérica
(1585-1776)

Esta sección profundizará en la historia de la colonización inglesa en Norteamérica, que comenzó a finales del siglo XVI. Estas colonias norteamericanas fueron las primeras en liberarse de su patria, por lo que también analizaremos cómo lograron la independencia.

286. A finales del siglo XVI, **los exploradores ingleses emprendieron su primera exploración de ultramar para colonizar Norteamérica.**

287. **Sir Walter Raleigh dirigió dos viajes en 1584 y 1585 para explorar** los alrededores de la actual isla de Roanoke, en Carolina del Norte.

288. En 1587, **John White fue nombrado gobernador de la isla de Roanoke** y navegó de regreso a Inglaterra en busca de suministros.

289. **Su barco sufrió un retraso debido a una guerra entre España e Inglaterra,** por lo que los suministros que tanto necesitaban no pudieron llegar a los colonos.

290. **John White intentó enviar ayuda desde Gran Bretaña en múltiples ocasiones.** En 1593, fue él mismo y encontró Roanoke vacía sin más pistas que la palabra "Croatoan" sobre lo ocurrido a los colonos desaparecidos.

291. **La misteriosa desaparición de los colonos de Roanoke se ha convertido en un famoso misterio.** A veces se hace referencia a la colonia como la "Colonia Perdida".

292. **En 1607 llegó otra expedición de Inglaterra con más colonos que establecieron su colonia cerca de la bahía de Chesapeake.** Esta colonia fue conocida como Jamestown.

293. Fundada en mayo, **se convirtió en el primer asentamiento permanente británico en el Nuevo Mundo.**

294. Jamestown fue el centro de las operaciones británicas en la Norteamérica colonial durante las décadas siguientes, antes de que la empresa colonial se extendiera a gran parte de la costa este.

295. La colonia de Jamestown se convirtió en una compañía de cédula real con capacidad para crear su propio gobierno y comerciar con las tribus locales para obtener pieles y recursos naturales, sentando las bases de la colonización británica en Norteamérica.

296. Al principio, los ingleses buscaban oro y plata para enriquecerse, pero los colonos acabaron cultivando tabaco, que hizo muy ricos a algunos plantadores.

297. Los nativos americanos llevaban miles de años viviendo en la tierra antes de que llegaran los europeos. Al igual que en México, miles de ellos murieron a causa de enfermedades o conflictos con los colonos.

298. A lo largo del siglo XVII, más gente viajó de **Gran Bretaña** a Norteamérica, fundando más ciudades donde podían practicar sus propias creencias religiosas en paz.

299. **Durante este periodo, los ingleses establecieron puestos comerciales en Norteamérica,** desde la bahía de Hudson (Canadá) hasta las Carolinas, junto con varias islas del Caribe.

300. En la década de 1620, la **colonización inglesa se limitaba a la costa oriental del continente,** mientras que **los colonos franceses exploraban hacia el sur, hasta Luisiana,** dando comienzo a una época de competencia y guerras entre potencias europeas rivales que configuró gran parte de la historia de los primeros años de América.

301. La **Colonia de la Bahía de Massachusetts se estableció en 1628,** y hasta veinte mil personas emigraron a los alrededores de **Boston y Salem** a lo largo de los años siguientes.

302. **Caracterizado por una gran presencia de cristianos puritanos** que allanaron el camino para su desarrollo, Massachusetts pronto se convirtió en una provincia económicamente importante para Inglaterra en Norteamérica.

303. Durante esta época, también se formaron muchas otras colonias, como **Maryland en 1632, así como Rhode Island y Connecticut en 1633.**

304. Entre 1675 y 1676 se libró **la guerra del Rey Felipe.** Se libró entre las tribus nativas americanas dirigidas por **el jefe Metacom,** conocido como **"Rey Felipe",** y los colonos ingleses de Nueva Inglaterra.

305. La **contienda terminó con una victoria de las fuerzas coloniales,** pero causó pérdidas devastadoras a ambos bandos, en particular a los nativos americanos, cuyo número se había reducido considerablemente debido a las enfermedades europeas.

306. **Los juicios por brujería de Salem comenzaron en 1692 y se convirtieron en uno de los acontecimientos más infames de este periodo.** Más de doscientas personas fueron acusadas de ser brujas, con el resultado de veinte ejecuciones.

307. En 1754 estalló **en Europa una guerra entre franceses y británicos llamada la guerra de los Siete Años**, que sumió a las dos naciones en una lucha sangrienta en todos los puntos del mundo en los que se enfrentaban.

308. Curiosamente, **gran parte de los combates se concentraron entre los colonos franceses y británicos en Norteamérica,** donde a los británicos se les unió una confederación de tribus nativas americanas.

309. **Las campañas británico-norteamericanas de 1759 fueron especialmente efectivas,** ya que debilitaron significativamente las posiciones francesas en Norteamérica.

310. En 1763 estalló la **Rebelión de Pontiac.** Esta rebelión fue un intento fallido dirigido por el jefe Ottawa Pontiac para luchar contra el dominio británico.

311. Finalmente, **Gran Bretaña salió victoriosa de la guerra de los Siete Años en febrero de 1763,** lo que le llevó a la hegemonía sobre los asuntos coloniales de Norteamérica a costa de unas 160.000 vidas.

312. **Los británicos consiguieron negociar un acuerdo de paz muy favorable,** que incluía la cesión de las posesiones coloniales francesas en Norteamérica, además de un importante paquete de reparaciones de guerra que debía pagar Francia.

313. La guerra de los Siete Años fue un conflicto de enorme influencia que afectó a la evolución de Europa y América durante las décadas siguientes.

314. Sumió tanto a Gran Bretaña como a Francia en profundos problemas financieros, ya que las naciones habían gastado en exceso durante toda la guerra, lo que los llevó a aumentar los impuestos en sus dependencias de todo el mundo.

315. La Proclamación de 1763 se promulgó para proteger las tierras de los nativos americanos e impedir que los colonos siguieran expandiéndose por sus territorios. Esto provocó un gran descontento entre muchos colonos.

316. La Ley del Timbre de 1765 obligaba a los colonos a pagar impuestos por todos los materiales impresos con un sello en relieve, incluidos periódicos, panfletos y documentos legales.

317. En la noche del 5 de marzo de 1770, **un enfrentamiento entre soldados británicos y colonos estadounidenses en Boston degeneró en violencia y se saldó con la** muerte de cinco colonos.

318. El descontento entre las colonias británicas empezó a tomar forma en un verdadero movimiento antibritánico, que culminó en los acontecimientos del 16 de diciembre de 1773, con el Motín del Té de Boston.

319. Decenas de personas disfrazadas de indios mohawk arrojaron más de trescientos cofres de té al puerto de Boston en 1773 para protestar contra unos impuestos sobre los cuales los colonos no tenían permitido opinar.

320. La Fiesta del Té de Boston, como también se le conoce a ese suceso, **alimentó los movimientos de resistencia contra el estricto gobierno impuesto por los británicos, lo que** condujo a **la Guerra Revolucionaria Americana**, que comenzó en 1775.

321. Los **colonos conseguirían su independencia, liberándose del dominio británico y proclamando los Estados Unidos de América** en 1776, aunque la propia guerra llegaría a su fin en 1783.

Exploración y colonización de las Indias Orientales Neerlandesas (1595-1945)

La **exploración holandesa de las Indias Orientales Neerlandesas, el territorio que comprende en su mayor parte la actual Indonesia,** comenzó a finales del siglo XVI y condujo al establecimiento de un sistema colonial que duró hasta mediados del siglo XX. Esta sección se adentrará en datos fascinantes sobre los viajes holandeses a las Indias Orientales.

322. **La primera expedición holandesa a las Indias Orientales zarpó en 1595.**

323. **Los holandeses buscaron una nueva ruta comercial hacia el Sudeste Asiático** que evitara las rutas establecidas alrededor de África o a través del océano Índico.

324. **La expedición estaba dirigida por Cornelis de Houtman**, que llegó primero a Java.

325. **De Houtman negoció con los gobernantes locales.** Sus esfuerzos sentaron las bases de los futuros derechos comerciales y de la influencia holandesa en la región.

326. Con el tiempo, **los nativos intercambiaron especias y otros productos locales por mercancías europeas,** principalmente armas.

327. **Esta expedición abrió nuevos mercados a los europeos.** El café y las especias como la pimienta fueron especialmente populares.

328. **Muchos de estos puestos comerciales siguen existiendo hoy en día, ya que ciudades como Yakarta, Semarang y Surabaya** fueron ampliadas por los holandeses durante su periodo de exploración.

329. **Los Países Bajos siguieron controlando gran parte del Sudeste Asiático hasta la Segunda Guerra Mundial,** cuando Japón invadió Indonesia en la década de 1940.

330. **Varias flotas zarparon de Europa rumbo a lo que hoy se conoce como aguas indonesias entre 1595 y 1605.** Estos barcos trajeron de vuelta valiosas mercancías, aumentando la riqueza de los holandeses.

331. A pesar de llegar relativamente tarde a la carrera colonial, **los holandeses consiguieron establecer rápidamente una hegemonía sobre algunos de los productos más valiosos que llegaban del Sudeste Asiático, lo que** propició el desarrollo interno.

332. **La cultura holandesa también dejó huella en los rasgos indonesios modernos, como la lengua.**

333. Durante su exploración, **los holandeses introdujeron el cristianismo protestante en Indonesia.**

334. **Los holandeses fueron una de las primeras naciones en convertirse a la fe protestante durante la Reforma,** por lo que emprender actividades misioneras era muy importante.

335. **Los cristianos son hoy una importante minoría en el país,** aunque la mayoría de la población indonesia es musulmana.

336. **El gobierno holandés, poco después de darse cuenta del potencial de la empresa colonial,** patrocinó la creación de una empresa estatal para supervisar el control y la afluencia del comercio de las Indias Orientales Holandesas.

337. A **la Compañía Unida de las Indias Orientales, o Vereenigde Oost-Indische Compagnie (VOC),** se le concedieron cartas estatales que aumentaron enormemente sus capacidades, convirtiéndola esencialmente en su propio pequeño Estado en funcionamiento con una burocracia desarrollada.

338. Por ejemplo, en 1602, **se concedió a la VOC el derecho a librar guerras y establecer ciudades en nombre del gobierno holandés** en las Indias Orientales Holandesas.

339. En 1619, **la VOC estableció su base en la actual Yakarta, entonces conocida como Batavia,** donde podía recaudar impuestos de los mercaderes que comerciaban con otros países de Asia y África.

340. **Para asegurar el control sobre sus nuevos territorios, la VOC impuso fuertes impuestos** a las mercancías importadas y prohibió a los europeos entrar en ciertos puertos sin permiso.

341. La **compañía pretendía monopolizar el comercio de especias,** muy rentable en esta época, eliminando la competencia entre los comerciantes que operaban dentro de sus fronteras.

342. Con el **tiempo, los holandeses se hicieron con el control casi total de Indonesia** y siguieron adentrándose en el Pacífico para expandir sus colonias.

343. Por ejemplo, el **explorador holandés Jacob Roggeveen fue el primer europeo documentado que recaló en la isla de Pascua** en 1722.

344. A su **llegada, se encontró con los rapanui,** que habían desarrollado su sociedad aislados del resto del mundo.

345. En el siglo XVIII, la **mayor parte de Indonesia había pasado a formar parte de las Indias Orientales Neerlandesas.** La VOC había establecido varios fuertes por toda la región para proteger sus intereses comerciales de los merodeadores extranjeros.

346. A mediados del siglo XVIII, la **inestabilidad creada por las guerras, la aparición de competidores, la** corrupción generalizada y la mala gestión condujeron a la disolución de la VOC.

347. **Los holandeses establecieron plantaciones para producir materias primas como café, caña de azúcar y té**, que podían venderse en su país a un precio elevado.

348. Las **actividades coloniales neerlandesas se expandieron en el siglo XIX,** cuando las potencias europeas dominaron el comercio internacional y establecieron colonias en todo el mundo.

349. **Durante la Segunda Guerra Mundial, las Indias Orientales Neerlandesas fueron invadidas por el Japón imperial**, que se apoderó de los valiosos yacimientos de caucho y petróleo de la colonia.

350. Según **estimaciones de la ONU, hasta cuatro millones de personas murieron en la Indonesia holandesa debido a la ocupación japonesa,** que duró hasta 1945.

351. En 1949, **Indonesia obtuvo la plena independencia del dominio holandés** y hoy es una de las democracias más pobladas del mundo.

La expansión británica en Asia Oriental e India (1600-1839)

Durante siglos, los británicos han estado presentes en la India y Asia Oriental. Este capítulo explorará la historia de su expansión durante este periodo con diecisiete datos interesantes.

352. **En 1600 se funda en Inglaterra la Compañía de las Indias Orientales para comerciar con especias de Asia e India.**

353. Los **británicos se habían interesado por participar en el comercio de especias desde la derrota de la armada hispanoportuguesa en 1585**, que abrió nuevas posibilidades a Gran Bretaña en ultramar.

354. **La compañía estaba formada por varios destacados mercaderes ingleses que lograron obtener una cédula real de la reina Isabel I,** con lo que obtuvieron un monopolio de quince años en el comercio inglés en las Indias Orientales.

355. **La Compañía de las Indias Orientales comerciaba con Java, Sumatra, Japón y otras partes de Asia** para obtener productos como seda, porcelana, té y especias.

356. Con el tiempo, **la Compañía de las Indias Orientales se convirtió en la mayor empresa comercial del** mundo, con cerca de la mitad de todo el comercio mundial.

357. En 1611, **varios barcos habían zarpado de Inglaterra hacia Asia Oriental y la India como parte de la creciente red de comercio mundial de Gran Bretaña.**

358. En 1604, **el capitán Henry Middleton fue uno de los primeros ingleses enviados por su país a explorar la India y sus gentes.**

359. En 1608, **el capitán William Hawkins llegó a Gujarat (India)** para establecer relaciones comerciales entre Inglaterra y el Imperio mogol.

360. En 1619, **Gran Bretaña estableció un puesto comercial en Surat, en la costa occidental de India,** que se convirtió en una de sus primeras colonias oficiales en la región.

361. Hacia 1613, **llegaron más comerciantes ingleses que se establecieron en Agra,** ciudad importante para comerciar con los gobernantes del Imperio mogol en aquella época.

362. Aunque la **Compañía Británica de las Indias Orientales** no era un participante directo importante en el comercio transatlántico de esclavos, sí participaba en el comercio interno de esclavos dentro de los territorios que controlaba en la India.

363. Durante su periodo álgido de expansión y control territorial a finales del siglo XVIII, **la Compañía de las Indias Orientales estuvo implicada en la práctica de la esclavitud y el trabajo forzado,** principalmente a través de su supervisión y gobierno de sistemas locales que incluían formas de servidumbre y trabajo forzado.

364. **A mediados del siglo XVII, los británicos habían intentado establecer puestos comerciales en el sudeste asiático,** aunque éstos no tendrían repercusión hasta décadas más tarde.

365. En el siglo XVIII, **con el auge del té como nuevo producto de moda en los mercados europeos, los británicos empezaron a comerciar cada vez más con China,** financiando sus esfuerzos con exportaciones ilegales de opio a este país.

366. **Esto condujo finalmente a las guerras del Opio, una serie de conflictos que comenzaron en 1839.** Dichas guerras fueron provocadas por la decisión del gobierno chino de prohibir el comercio de opio en su país, ya que los británicos siguieron introduciendo el opio a China a través del contrabando.

367. **A pesar de que las posesiones británicas en la India y el sudeste asiático acabaron siendo disputadas por otras potencias europeas, como Francia y los Países Bajos,** Gran Bretaña siguió ampliando su presencia en la región a lo largo del siglo XIX.

368. **El comercio indio y del sudeste asiático se convertiría en una parte importante de la economía británica,** que sólo declinaría con la era de la descolonización tras la Segunda Guerra Mundial.

La colonización francesa en Norteamérica
(1608-1770)

Descubre la intrigante historia de los asentamientos franceses en Norteamérica. Descubre cómo establecieron su primer asentamiento permanente y los esfuerzos de Samuel de Champlain.

369. **En 1608, Francia estableció el primer asentamiento europeo permanente en Canadá.** El asentamiento se llamó Ciudad de Quebec.

370. **Los colonos franceses bautizaron su nuevo territorio con el nombre de Nueva Francia.**

371. De 1608 a 1710, **los exploradores franceses reclamaron para Francia gran parte del actual Canadá y partes de Estados Unidos.**

372. **Samuel de Champlain fue una de las figuras más importantes** de este periodo. A menudo se le llama el **"Padre de Nueva Francia".**

373. **Champlain ayudó a crear un gobierno en Nueva Francia.** También exploró gran parte del este de Norteamérica en busca de asentamientos y oportunidades comerciales con las tribus nativas americanas que vivían allí.

374. **Nueva Francia incluía partes de las actuales Ontario, Quebec, Nueva Escocia y las provincias marítimas canadienses.**

375. **Nueva Francia también llegó al sur de Estados Unidos.** Los franceses reclamaron regiones de la actual **Luisiana** (que llamaron *Louisiane*), así como partes de **Maine**, **Michigan** y otras regiones al oeste del **Mississippi**.

376. **Las pieles de castor eran una parte rentable de la economía de Nueva Francia.** El comercio de pieles ayudó a establecer relaciones entre los franceses y los nativos americanos.

377. Los **colonos franceses dependían en gran medida de las tribus nativas americanas para que les ayudaran en la agricultura y la caza** para poder sobrevivir en su nuevo entorno.

378. **En 1703, el rey Luis XIV otorga el control de Nueva Francia a Philippe de Rigaud,** marqués de Vaudreuil, antiguo gobernador de Montreal.

379. **Philippe de Rigaud fue gobernador general de Nueva Francia** desde 1703 hasta su muerte en 1725.

380. **Durante el gobierno del Gobernador General Vaudreuil, el Imperio británico realizó numerosos intentos de apoderarse de Nueva Francia.** Todos estos esfuerzos fracasaron.

381. Las **extensas actividades coloniales de Francia culminaron en la guerra Francesa e India** (1754-1763), que hizo que Francia renunciara a sus pretensiones sobre Norteamérica, salvo dos pequeñas islas frente a Terranova.

382. En 1759, el **general británico James Wolfe derrotó al general francés Louis Montcalm en la batalla de Quebec,** que supuso un importante punto de inflexión en la guerra Francesa e India.

383. En 1770, **la mayoría de los asentamientos franceses restantes habían sido cedidos a Gran Bretaña o a España.**

384. **Las posesiones francesas en Norteamérica llegaron a su fin con la Compra de Luisiana a principios del siglo XIX,** cuando **el emperador Napoleón** vendió el territorio de Luisiana a Estados Unidos.

385. **Aunque Nueva Francia cambió de dueño hace unos tres siglos,** la lengua y las costumbres francesas siguen predominando en el Canadá actual, sobre todo en Quebec.

El Mayflower desembarca en Plymouth
(1620)

En este capítulo exploraremos la importante historia de la colonia de Plymouth. Veremos hechos intrigantes sobre dónde llegó el Mayflower, por qué los peregrinos zarparon en primer lugar, y algo llamado el Pacto del Mayflower.

386. En noviembre de 1620, **el Mayflower llegó a lo que hoy es el puerto de Plymouth, Massachusetts.**

387. El **viaje debía terminar en la colonia de Virginia,** pero acabó en el norte debido al mal tiempo y a los problemas de navegación.

388. A **bordo del barco viajaban peregrinos de la Iglesia de Inglaterra,** que habían abandonado Gran Bretaña por diferencias religiosas con la doctrina de la Iglesia.

389. **Según los relatos, a bordo del Mayflower viajaban 102 personas.** Aunque el barco es más conocido por los peregrinos que buscaban la libertad religiosa, había otras personas a bordo en busca de una nueva vida.

390. En noviembre de 1620, **firmaron un acuerdo llamado el Pacto del Mayflower** para crear un gobierno pacífico y ordenado para su nueva colonia.

391. **El Pacto del Mayflower también incluía disposiciones sobre tolerancia religiosa,** un aspecto decisivo para la posterior Constitución estadounidense.

392. **El documento se considera, por tanto, el primer marco escrito de gobierno en los territorios de Estados Unidos.**

393. En marzo de 1621, **Massasoit, el líder de la tribu Wampanoag, y el gobernador William Bradford crearon un pacto** que estableció una amistad entre ambos grupos durante varias décadas.

394. **Los peregrinos pudieron sostener su colonia principalmente gracias a la ayuda de los nativos americanos,** que les dieron comida y les enseñaron a sobrevivir.

395. En la primavera de 1621, dos exploradores avanzados llamados Squanto y Samoset ayudaron a los colonos a conocer su nuevo entorno y les enseñaron a cultivar plantas autóctonas como el maíz.

396. En el otoño de 1621, el **gobernador William Bradford organizó el primer Día de Acción de Gracias en América,** en el que Massasoit y algunos de sus hombres se unieron a los ingleses para cenar.

397. **En 1630, la población de la colonia de Plymouth había crecido significativamente,** en gran parte debido a la afluencia de inmigrantes europeos que llegaban tras conocer la libertad religiosa y las oportunidades económicas que allí existían.

398. Para entonces, ya **había rutas comerciales establecidas entre la colonia de Plymouth y Jamestown,** aunque el comercio no se realizaba a gran escala.

399. En 1691, **la Colonia de Plymouth se unió a la Colonia de la Bahía de Massachusetts.**

400. Los restos de la **colonia** original **de Plymouth** son ahora un museo de historia viviente conocido como **Museo Plimoth Patuxet.**

401. Debido a su singular historia como una de las primeras empresas coloniales que encarnaron el espíritu de Estados Unidos, **el establecimiento de Plymouth tras la expedición del Mayflower sigue siendo venerado como un símbolo icónico.**

Exploración holandesa de Sudáfrica
(1650-1800)

En este capítulo exploraremos la exploración holandesa de Sudáfrica entre 1650 y 1800. Descubriremos quince datos fascinantes sobre este periodo, como los asentamientos que se crearon y los conflictos que tuvieron lugar.

402. Los **colonos holandeses llegaron por primera vez a Sudáfrica a mediados del siglo XVI,** creando un asentamiento permanente en **Ciudad del Cabo en** 1652.

403. **Los Países Bajos autorizan a la Compañía Holandesa de las Indias Orientales a explorar los alrededores de Ciudad del Cabo,** que ya habían sido explorados por marinos portugueses.

404. En 1652, **Jan van Riebeeck estableció una base en la bahía de Table,** donde comenzó a construir el Fuerte de Goede Hoop (Fuerte Buena Esperanza).

405. **Este fuerte se convirtió en un importante puesto comercial para los barcos que navegaban entre Europa y Asia** durante este periodo. Con el tiempo sería sustituido por el Castillo de Buena Esperanza, que sigue en pie.

406. **Van Riebeeck y otros colonos** cultivaban verduras como coles y zanahorias.

407. Los **barcos dependían de la carne salada y el pescado seco para su sustento,** pero llevaban alimentos frescos de **Ciudad del Cabo** en sus largos viajes, lo que ayudaba a prevenir el escorbuto.

408. La **ciudad de Stellenbosch fue fundada en 1679 por el gobernador Simon van der Stel,** que le dio su nombre.

409. **A lo largo de los siglos, esta región se ha dado a conocer por su producción vinícola gracias a las condiciones favorables de su clima y su tierra.** Hoy en día se sigue elaborando vino en esta región.

410. A finales del siglo XVII, **un grupo de hugonotes (protestantes franceses) que huían de la persecución religiosa en Francia se instalaron en Ciudad del Cabo y trajeron consigo conocimientos de viticultura,** lo que contribuyó al crecimiento de la industria vinícola en la región.

411. **La Colonia del Cabo pasó poco a poco a ser dominada por la VOC,** convirtiéndose en la gobernación de la compañía hasta 1795.

412. Sin **embargo, la filosofía de la VOC, cuyas actividades se centraban en extraer beneficios de las Indias Orientales,** entró en conflicto directo con la situación de la Colonia del Cabo, que se convirtió en un lugar atractivo para los colonos holandeses.

413. La **ciudad de Swellendam fue fundada por colonos holandeses en 1745; actualmente** es una de las ciudades más antiguas de Sudáfrica y aún conserva muchos edificios coloniales originales del siglo XVIII.

414. **Durante esta época, estallaron muchas guerras entre los grupos indígenas locales de los alrededores de Ciudad del Cabo debido a disputas por los derechos sobre la tierra o los recursos.** Estos conflictos tuvieron repercusiones duraderas en los nativos.

415. **En 1800, casi todas las tribus indígenas khoikhoi del Cabo se habían visto gravemente afectadas por los colonos europeos.** Las enfermedades, los conflictos y la pérdida de sus tierras afectaron enormemente a su modo de vida.

416. **Los colonos holandeses de Sudáfrica introdujeron su propia lengua, que evolucionaría hasta convertirse en el afrikáans moderno,** una de las lenguas más extendidas de África.

Colonización francesa y británica de la isla Mauricio
(1715-1968)

En este capítulo exploraremos la larga y compleja historia de la colonización francesa y británica de la isla Mauricio. Descubriremos datos interesantes sobre los sucesivos asentamientos franceses y británicos en esta isla.

417. Los **franceses tomaron el control de Mauricio en 1715, bautizándola como Isla de Francia** después de que los holandeses la abandonaran.

418. **Mauricio era valiosa para los franceses como escala en la ruta hacia las Indias Orientales, sirviendo** como punto de reabastecimiento para los barcos que viajaban por el océano Índico.

419. La **isla fue administrada por la Compañía Francesa de las Indias Orientales**, que desarrolló sus infraestructuras y su base agrícola, sobre todo en la producción de azúcar.

420. **Bajo el dominio francés, la esclavitud formaba parte de la economía de la isla.** Se traían esclavos de África, Madagascar y el subcontinente indio para trabajar en las plantaciones de azúcar.

421. **Como gobernador, a Mahé de Labourdonnais se le atribuye la transformación de Mauricio en una colonia próspera,** la mejora de infraestructuras como carreteras y edificios, incluido el famoso Château de Mon Plaisir en Pamplemousses.

422. **Nombrada capital en 1735 por Labourdonnais, Port Louis** se convirtió en una importante base naval y centro de construcción naval.

423. Los **británicos arrebataron Mauricio a los franceses durante las guerras napoleónicas,** en gran parte debido a su posición estratégica en el océano Índico.

424. **La esclavitud fue abolida bajo el dominio británico en 1835,** lo que provocó escasez de mano de obra, que se cubrió con trabajadores contratados en la India.

425. **La introducción de mano de obra en régimen de servidumbre procedente de la India cambió el paisaje demográfico y cultural de Mauricio,** y la cultura india influyó en diversos aspectos de la vida, como la gastronomía y la religión.

426. **Bajo el dominio británico, la economía de Mauricio pasó a depender en gran medida de la producción de azúcar**, que siguió siendo un producto de exportación clave durante todo el periodo colonial.

427. El **establecimiento del ferrocarril por los británicos mejoró el transporte de mercancías y personas por toda la isla,** impulsando las actividades económicas.

428. **Los jardines botánicos de Pamplemousses, iniciados por Labourdonnais,** se hicieron famosos por su colección de plantas autóctonas y exóticas.

429. **Durante la Segunda Guerra Mundial, Mauricio sirvió de refugio a los evacuados de las Seychelles** y de base para las operaciones militares contra las potencias del Eje en el océano Índico.

430. **Mauricio se convirtió en nación independiente el 12 de marzo de 1968,** tras un periodo de aspiraciones de autogobierno impulsado por el movimiento mundial de descolonización.

Exploración rusa de las islas Aleutianas
(1670-1679)

A medida que la historia de la era de la exploración continúa fascinándonos, también lo hace la historia de la exploración rusa de las islas Aleutianas. En este capítulo exploraremos más de veinte datos interesantes sobre sus viajes a las Aleutianas.

431. A finales del siglo XVII, los **exploradores rusos empezaron a interesarse por la región del Pacífico,** iniciando la exploración de Alaska y las islas vecinas.

432. **Rusia no siempre es recordada por su legado colonial en ultramar,** aunque su control sobre Alaska constituyó una de las partes más intrigantes de la historia moderna temprana de Norteamérica.

433. Además **de Alaska, los rusos también establecerían una presencia temporal en Fort Ross (Fuerte Ruso), California, en 1812,** que duraría hasta 1841.

434. **Encabezados por los exploradores Vitus Bering y Aleksei Chirikov,** los rusos recalaron en Alaska.

435. El **estrecho entre Alaska y Rusia, el estrecho de Bering,** lleva así el nombre del primer explorador que lo cruzó efectivamente por mar.

436. **El principal incentivo para explorar esta zona era la obtención de pieles de los animales que habitaban las islas.** Las nutrias marinas y las focas eran muy apreciadas.

437. **En aquella época, los principales habitantes de la región eran nativos indígenas,** con los que los rusos establecieron relaciones comerciales.

438. Tuvieron **éxito en la búsqueda de diferentes animales de peletería,** que cazaban intensamente para comerciar con sus pieles en diferentes mercados.

439. **La caza excesiva provocó problemas ecológicos y afectó a los medios de subsistencia de los indígenas.**

440. Además de establecer puestos comerciales, **los rusos trajeron consigo misioneros cristianos que difundieron el cristianismo ortodoxo oriental entre los nativos de Alaska.**

441. **Este fue uno de los primeros casos de actividades misioneras concentradas en Norteamérica** en nombre de la Iglesia Ortodoxa Oriental.

442. A finales del siglo XVIII, **quedó claro que Rusia no podría mantener un control efectivo sobre la colonia a largo plazo, ya que** era muy poco rentable cuando se descentralizaron los esfuerzos rusos de colonización y comercio.

443. **Esto impulsó a los comerciantes rusos a pedir ayuda al gobierno y crear en 1799 un amplio sistema de comercio de pieles,** conocido como la Compañía Ruso-Americana.

444. A **lo largo de su existencia, la Compañía Ruso-Americana se convirtió en una empresa de bastante éxito,** llegando incluso a financiar la primera circunnavegación rusa del mundo en 1803.

445. **La Compañía Ruso-Americana tenía su sede en la ciudad de Nueva Archangelsk,** la actual **ciudad de Sitka, Alaska.**

446. **En 1867, el gobierno ruso vendió la actual Alaska a Estados Unidos por algo más de siete millones de dólares.** Se vendieron los intereses comerciales de la Compañía Ruso-Americana.

447. Durante este periodo, los **colonos rusos catalogaron y estudiaron la flora y la fauna locales,** así como las costumbres de los nativos que vivían en estas islas.

448. **Los rusos introdujeron zorros en las islas Aleutianas y partes de Alaska con la esperanza de establecer una nueva fuente de ingresos a partir de sus pieles.**

449. **Los marinos rusos también se aventuraron en Alaska continental,** donde se encontraron con los indígenas tlingit y haida.

450. Sin **embargo, nunca llegaron a fundar asentamientos significativos tierra adentro**. En su lugar, optaron por permanecer cerca de la costa y desarrollar los puestos existentes y las relaciones con los nativos.

451. A **menudo forzaron a las poblaciones nativas a la servidumbre,** explotando su mano de obra para sus propios designios.

Exploración británica de la costa noroeste del Pacífico
(1791-mediados del siglo XIX)

Descubre quince datos fascinantes sobre la exploración británica del noroeste del Pacífico, como quienes fueron los exploradores famosos y los competidores que se disputaban la región.

452. En 1791, el **explorador británico George Vancouver zarpó de Inglaterra con dos barcos para explorar la costa noroeste del Pacífico de Norteamérica.**

453. La **tripulación de Vancouver estaba formada por oficiales, marineros y científicos** que buscaban oportunidades comerciales y cartografiar nuevos territorios para Gran Bretaña.

454. **Vancouver y su tripulación emprendieron su viaje desde la zona de San Francisco hacia el norte, en dirección a la Columbia Británica,** cartografiando uno de los territorios más difíciles de explorar de Norteamérica.

455. **Vancouver continuó su expedición cartografiando lo que hoy se conoce como Columbia Británica, el estado de Washington y el sureste de Alaska** entre 1792 y 1794.

456. **Cuando regresó a su país, trajo consigo muchas cartas de las zonas recién descubiertas,** que se publicaron tras su muerte.

457. Hoy, la **ciudad de Vancouver y la isla de Vancouver llevan el nombre del explorador británico.**

458. **Otras naciones, además de Gran Bretaña, habían intentado explorar el noroeste del Pacífico antes de la expedición de Vancouver, sobre todo los españoles.**

459. **La expedición de 1774, patrocinada por el nuevo virrey de Nueva España y encabezada por Juan Pérez,** llegó al archipiélago de la Reina Carlota en julio de ese mismo año.

460. **Un año después, los españoles enviaron otra expedición para cartografiar la costa y las zonas cercanas.** La región parecía atractiva por su inmensidad y misterio.

461. A finales de la década de 1780, **exploradores españoles llegaron a Nootka Sound, en la isla de Vancouver.** Su presencia provocó un estallido de tensiones entre ellos, los británicos y la población nativa de Vancouver.

462. **El incidente, conocido como la Crisis de Nootka, estuvo a punto de llevar a Gran Bretaña y España a la guerra por los derechos comerciales en la región.** Al final, las tensiones se resolvieron por medios pacíficos y los mercaderes de ambas naciones pudieron comerciar.

463. **Otro explorador británico, John Meares,** llegó a la costa noroeste del Pacífico en busca de oportunidades comerciales con Asia y trazando nuevos territorios para Gran Bretaña.

464. A finales del siglo XVIII, **países de toda Europa competían por explorar y hacerse con el control de distintas regiones del noroeste del Pacífico.**

465. **El interés por la región aumentó tras el descubrimiento de oro en el oeste de Estados Unidos y Alaska, lo que provocó una fiebre del oro.**

466. **Esto dio lugar a actividades exploratorias adicionales** que aumentaron el crecimiento de la región y produjeron nuevas disputas entre las partes interesadas.

Exploración de Australia, Nueva Zelanda y la Antártida
(1600-1911)

Este capítulo nos remite a la "última etapa" de la Era de los Descubrimientos europea: la exploración de la Antártida y la región de Australasia. A partir de finales del siglo XVII, la exploración europea se centró en esta región, lo que dio lugar a numerosos descubrimientos fascinantes que configuraron nuestra comprensión de los continentes australiano y antártico.

467. La **"mítica" Tierra del Sur, Terra Australis, fue buscada por muchos navegantes europeos, lo que** influyó en la exploración del hemisferio sur.

468. En 1606, **el navegante holandés Willem Janszoon, a bordo del Duyfken, avistó Australia por primera vez.**

469. En 1642, **Abel Tasman, otro explorador holandés, fue el primer europeo en avistar Nueva Zelanda y, más tarde, Tasmania**, a la que bautizó como **Tierra de Van Diemen.**

470. **El viaje de Abel Tasman supuso el primer encuentro europeo con los maoríes de Nueva Zelanda.**

471. **La introducción de enfermedades europeas tuvo efectos devastadores en las poblaciones indígenas** de Australia y Nueva Zelanda.

472. **William Dampier, bucanero y navegante inglés,** desembarcó en la costa noroeste de Australia en 1688, siendo el primer inglés en pisar suelo australiano.

473. El **primer viaje del capitán James Cook, que duró de 1768 a 1771,** incluyó la cartografía de toda la costa de **Nueva Zelanda** y **la costa este de Australia,** reclamando esta última para Gran Bretaña.

474. **En su segundo viaje, Cook cruzó el Círculo Polar Antártico por primera vez en la historia.**

475. En su tercer viaje, en 1777, **Cook regresó al Pacífico y** siguió explorando las islas polinesias.

476. En 1788, **la Primera Flota llegó a la bahía de Botany,** marcando el inicio de los asentamientos penales británicos en Australia.

477. En 1824, **los británicos reclamaron formalmente la posesión de toda Australia como Nueva Gales del Sur.**

478. **George Vancouver exploró la costa suroeste de Australia en 1791,** detallando aún más el litoral del continente.

479. Entre 1797 y 1798, **George Bass y Matthew Flinders demostraron que Tasmania era una isla** circunnavegándola.

480. El **viaje de Matthew Flinders** en el *Investigator* fue el primero en circunnavegar Australia e identificarla como continente.

481. **Charles Darwin visitó Nueva Zelanda y Australia en 1835 y 1836**, ofreciendo observaciones científicas críticas sobre la geología y la biología de la región.

482. En 1873, **el HMS Challenger exploró las profundidades marinas cerca de Nueva Zelanda,** ampliando el conocimiento de la biología marina.

483. **William Smith descubrió las islas Shetland del Sur en 1819,** iniciando la era de la exploración antártica.

484. **En 1820, Fabian Gottlieb von Bellingshausen, explorador ruso,** avistó la Antártida continental.

485. A principios de la década de 1830, **James Clark Ross realizó estudios magnéticos** en la Antártida y alrededor de Australia y Nueva Zelanda.

486. **Charles Wilkes dirigió la Expedición Exploradora de Estados Unidos a la Antártida** en 1840, reclamando una porción del continente para América.

487. **En 1841, James Clark Ross descubrió el mar de Ross y la plataforma de hielo de Ross.**

488. El **descubrimiento de oro en Nueva Gales del Sur y Victoria en 1851 dio lugar a la fiebre del oro australiana,** que aumentó considerablemente la población.

489. En la década de 1890 se **descubrió oro en Australia occidental, lo que dio lugar a una segunda fiebre del oro** que impulsó aún más el desarrollo y el crecimiento demográfico de la región.

490. En la **década de 1860 numerosas expediciones exploraron el interior de Australia,** revelando la dureza y variedad de sus paisajes.

491. **La expedición Challenger de 1872-1876, un viaje científico mundial, llevó a cabo extensas investigaciones oceanográficas alrededor de Australia, Nueva Zelanda y las profundidades del océano Antártico.**

492. **El primer Año Polar Internacional, celebrado en 1882,** fue un esfuerzo de cooperación centrado en los fenómenos meteorológicos y geofísicos de las zonas polares.

493. **Carsten Borchgrevink afirmó ser el primero en pisar tierra firme en la Antártida, en Cabo Adare,** en 1895.

494. En 1899, **la Expedición Antártica Británica, dirigida por Carsten Borchgrevink, fue** la primera en invernar en el continente antártico.

495. **La expedición *Discovery*, dirigida por Robert Falcon Scott, realizó trabajos científicos y de exploración en la Antártida** de 1901 a 1904.

496. **La expedición *Nimrod* de Ernest Shackleton alcanza un nuevo récord de distancia al sur:** sólo estuvo a noventa y siete millas del Polo Sur.

497. En 1908, **Douglas Mawson, geólogo australiano,** exploró amplias zonas de la costa antártica.

498. **La malograda expedición *Terra Nova* de Robert Falcon Scott alcanzó el Polo Sur,** pero trágicamente todos los miembros del grupo murieron en el viaje de regreso.

499. En 1911, el **noruego Roald Amundsen alcanzó el Polo Sur,** superando a Scott y convirtiéndose en la primera expedición en lograrlo.

500. En 1953, **el neozelandés Sir Edmund Hillary, junto con Tenzing Norgay,** se hicieron famosos por su conquista del **Everest,** pero Hillary también fue fundamental en las expediciones antárticas de mediados del siglo XX.

Conclusión

Los últimos cinco siglos han sido testigos de una exploración y expansión sin parangón por parte de las potencias europeas. Desde el viaje de **Cristóbal Colón** a las Américas, **las exploraciones portuguesas de África, India y Brasil, la colonización española de México, América Central y del Sur,** así como **el viaje del capitán James Cook a Nueva Zelanda,** este libro ha explorado algunos de los **viajes más importantes de Europa** desde 1415 hasta 1800.

Desde el corsarismo en alta mar hasta la colonización inglesa en Norteamérica, estas historias demuestran que **los europeos eran conquistadores decididos con grandes sueños para grandes territorios,** aunque fuera a costa de los que ya vivían allí.

Mira otro libro de la serie

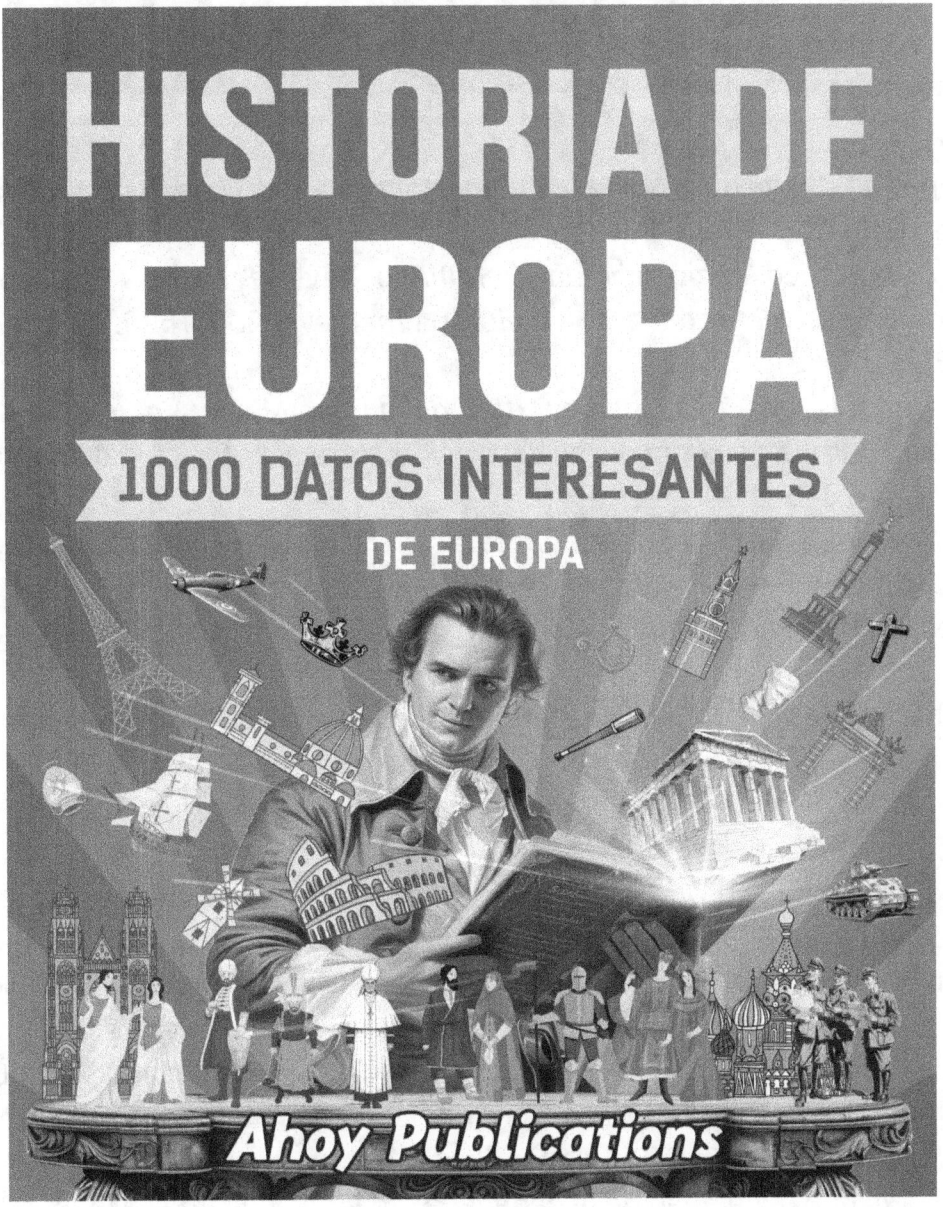

Fuentes y referencias adicionales

Primera Parte

1. Grant, Robert M. *Breve historia de la interpretación de la Biblia: La Antigüedad.* Westminster John Knox Press, 2007.

2. Bradshaw, Paul F., ed. *Inicio del mundo cristiano.* Taylor & Francis Group LLC, 2010.

3. De Vries, Simon. *Una introducción a la Europa medieval 300-1500.* Cambridge University Press, 2012.

4. Freedman, Paul H., ed. *Enciclopedia Oxford de la Edad Media: Volumen 4 - cristianismo en Europa occidental y su expansión entre el 600 y el 1500 d.C.* Oxford University Press, 2010.

5. Cormack, Margaret. *Las invasiones bárbaras en Europa y el periodo de migración: De César a Atila el huno.* Pen & Sword History, 2019.

6. Jones, Lesley. *Barbarians: Una exploración del mundo salvaje.* National Geographic Society, 2017.

7. Kern-Stähler, Annette y Jörg Rogge (ed.). *Las invasiones bárbaras: Historia y legado de las migraciones que configuraron la Europa medieval.* ABC-CLIO, 2019.

8. Scarre, Chris. *El atlas histórico Penguin de la antigua Roma.* Nueva York: Penguin Books, 1995.

9. Towne, David A., et al. *Europa en la Edad Media: Enciclopedia para estudiantes.* Nueva York: Routledge Taylor & Francis Group, 2017.

10. Theissen, Gary. *Carlomagno: Imperio y sociedad.* Manchester University Press, 2005.

11. Jones, Jonathan y David Nicolle. *Carlomagno: Una biografía militar del gran emperador que unió Europa en la Baja Edad Media.* Osprey Publishing Ltd., 2020.

12. Jones, Johnathan y Roberta Miller. *Historia del feudalismo: Tenencia y servicio en la Europa medieval 900-1400 d.C.* Routledge Press, 2019.

13. Curran Jr, William J. *La edad de la caballería: La vida en la Edad Media 1066 - 1485 d.C.* Atlantic Publishing Co., 2018.

14. Turner, Ralph V. *La Carta Magna: Una breve introducción.* Oxford University Press, 2014.

15. James, David. *La expansión vikinga: Un repaso histórico.* Edinburgh University Press, 2018.

16. Runciman, Steven. *Una historia de las cruzadas: Volumen II.* Cambridge University Press, 1955.

17. Tyerman, Christopher. *Historia ilustrada de las Cruzadas de Oxford.* Oxford University Press 2006.

18. Williams, Rowan A. *El Gran Cisma: Una historia de la división papal entre Oriente y Occidente.* Princeton UP, 2016.

19. Deaux, George. *La peste negra 1347-1352: La historia completa.* Thomas Dunne Books, 2004.

20. Webster, T. R., y Christine Carpenter. *La guerra de los Cien Años: La historia de un pueblo.* Yale University Press, 2009.

21. Smith, Sean. *La peste negra: Historia épica del contagio y la epidemia.* Simon & Schuster, 2008.

22. Yousuf, Imran. *Los imperios islámicos: Una enciclopedia histórica.* ABC-CLIO, 2018.

23. Duffy, Eamon. *Santos y pecadores: Una historia de los papas.* Yale University Press, 2001.

24. Crousset, F. (1996). *El Imperio mongol: Genghis Khan, sus herederos y la fundación de la China moderna.* New York: St Martin's Press.

25. Brubaker, Patrick. *Guerra y sociedad en el mundo mongol.* Routledge, 2017.

26. Ryan, Shannon. *La Liga Hanseática: Una historia marítima de la Edad Media.* McFarland & Company Inc, 2013.

27. Bull, Marcus. *La Liga Hanseática: Historia.* Oxford University Press, 2018.

28. Herzog, Don. *La Inquisición española: Una Revisión Histórica.* Yale University Press, 1998.

29. McNeill, William H. *La Gran Hambruna: Europa del norte a principios del siglo XIV.* University of Chicago Press, 2020.

Segunda Parte

"Exploration of Africa." Worldhistory.org, 2020, https://worldhistory.org/exploration-of-africa/.

"Prince Henry the Navigator." Encyclopedia Britannica, Encyclopedia Britannica, Inc., 26 June 2019, https://www.britannica.com/biography/Prince-Henry-the-Navigator.

Cohen, Jeffrey. "Christopher Columbus: Biography and Accomplishments." Encyclopedia Britannica, 20 May 2020, https://www.britannica.com/biography/Christopher-Columbus.

"Christopher Columbus." History, A&E Television Networks, history.com/topics/exploration/christopher-columbus.

"Portuguese India." Encyclopedia Britannica, Encyclopedia Britannica, Inc., 22 Jan. 2021, www.britannica.com/place/Portuguese-India.

Elliott, J. H. Imperial Spain 1469-1716. Penguin Books, 2003.

"Early European Exploration: The Spanish Conquistadors." National Geographic Society, 22 June 2018, www.nationalgeographic.org/encyclopedia/early-european-exploration-the-spanish-conquistadors/.

Crampton, Julia. "Ferdinand Magellan." Biography.com, A&E Television Networks, 8 Sept. 2020, www.biography.com/explorer/ferdinand-magellan

Franklin, Rachel. "The Spice Islands: History & Meaning." History.com, A&E Television Networks, 9 Apr. 2019, www.history.com/topics/exploration/spice-islands

"Hernán Cortés' Conquest of Mexico." History.com, A&E Television Networks, 8 July 2019, www.history.com/topics/exploration/hernan-cortes-conquest-of-mexico.

Solano, Matias. "The Spanish Conquest of Peru: Francisco Pizarro," Ancient History Encyclopedia, 4 Mar. 2021, https://www.ancient.eu/Pizarro_Franci/

"Jacques Cartier and Exploration of Canada." CanadaHistory.ca, www.canadahistory.com/sections/Exploration/JacquesCartier.html.

"Jesuit Missions in Latin America | History | Smithsonian Magazine." Smithsonian Magazine, Smithsonian Institution, 20 Dec. 2017, www.smithsonianmag.com/history/jesuit-missions-in-latin-america-1213521/.

Shaw, Earle. "The Legacy of Spanish Rule in the Philippines." Research Gate, www.researchgate.net/publication/316631946_The_Legacy_of_Spanish_Rule_in_the_Philippines.

"The Jamestown Colony." Jamestown-Yorktown Foundation, Jamestown-Yorktown Foundation, 2020, jamestownyorktown.org/jamestown-story/jamestown-colony/.

Steel, Ronald. "The Dutch Legacy in Indonesia." History.com, A&E Television Networks, 10 June 2011, https://www.history.com/news/the-dutch-legacy-in-indonesia.

MacDougall, Eliza. "British Expansion in the 16th & 17th Centuries." 16th & 17th Century British Expansion, Scholarly Commons, digitalcommons.conncoll.edu/cgi/viewcontent.cgi?article=1164&context=historystudentprojects.

"The Massachusetts Bay Colony." Plimoth Plantation, 2020, www.plimoth.org/learn/just-kids/homework-help/massachusetts-bay-colony.

"Mauritius." Britannica, The Editors of Encyclopedia Britannica, https://www.britannica.com/place/Mauritius-island-Indian-Ocean.

"British Exploration of the Pacific Northwest." University of Oregon. Accessed April 13, 2021. https://uoregon.edu/~rludeke/GeoNotebook/Ch%20Elliottbay/britishesp.html.